D1869511

Das Leben der Dinge

Fröhliche Wissenschaft 86

Remo Bodei

Das Leben der Dinge

Durchgesehene, ergänzte und durch ein Nachwort des Autors erweiterte deutsche Ausgabe

Aus dem Italienischen von Daniel Creutz

Matthes & Seitz Berlin

Inhaltsverzeichnis

Erstes Kapitel
Objekte und Dinge

Präludium. Fast eine Fantasie

Wegen ihres heilsamen Verfremdungseffekts stelle ich zu Beginn einige Texte literarischen Charakters vor, die absichtlich zu fernen Zeiten spielen und uns dabei helfen werden, die Genese unserer gewohnten Beziehungen zu den Dingen zu verstehen. Sie tun dies, indem sie die Erinnerung an die Empfindung wieder aufleben lassen, die wir jedes Mal verspüren, wenn wir – gerade erwachend – die Objekte um uns herum auf eine noch nicht scharf gestellte Weise wahrnehmen. Dann zeigen sich die Dinge – obgleich sie noch nicht mit ihren normalen Eigenschaften versehen erscheinen – dafür disponibel, sich mit all jenen vielfältigen Sinnschichten zu bekleiden, derer sie anschließend wieder entkleidet werden, wenn sie als bekannte Entitäten oder einfache Gebrauchs- und Tauschwerte behandelt werden.

Ich beziehe mich zu Anfang auf einen kleinen Text aus dem ersten Jahrhundert n. Chr. – über lange Zeit Vergil zugeschrieben –, der wirkungsvoll die Atmosphäre des Sich-Präsentierens der Dinge in ihrer anfänglichen Unbestimmtheit wiedergibt, wenn sie erneut die Bühne des von der Lichteinstrahlung ausgelösten, alltäglichen Schauspiels betreten, das sie ihrem nächtlichen Untertauchen entreißt und sie zu uns zurückführt.

Es handelt sich um das *Moretum* (*Der Kräuterkäse* oder *Die Bauernpizza*), in dem ein armer Bauer, Simulus, in der Dunkelheit erwachend »mählich die Glieder erhebt, die geruht auf ärmlichem Lager« und »mit geschäftiger Hand die trägen Schatten durchtastet, suchend den Herd«, um die Asche wegzublasen und das glühende Holzstück wieder zum Brennen zu bringen. Nachdem er die Glut freigelegt und die Öllampe entzündet hat, geht Simulus von der taktilen Erfahrung, die auf Licht verzichten kann, um die Objekte zu erkennen, zum Sehen über, das es ihm – sie unterteilend und eingliedernd – ermöglicht, sein anspruchsloses Mahl zuzubereiten, jene Kräuterkäsepizza nämlich, die dem Werk seinen Titel gibt.

Nach der Unterbrechung des Schlafs reklamiert das praktische Leben wieder sein Recht und macht seine Rhythmen geltend: Der fortwährende Kampf gegen Hunger und Elend beginnt von Neuem. Im milchigen Glanz der Morgendämmerung nimmt zusammen mit dem Haus auch der Garten wieder sein gewohntes Aussehen an.

Das Licht zeichnet jetzt die einzelnen Dinge aus und unterscheidet die verschiedenen Pflanzungen: »Hier war Kohl, hier mutig die Arm' ausstreckender Mangold [...], häufig auch sproßt' umher mit schwellender Wurzel der Rettich, und schwer hing an der Ranke mit breitem Bauche der Kürbis«.[1]

Das Staunen gegenüber dem Aufgehen der Sonne wird wiedergeboren, gegenüber ihrem siegreichen Wiedererscheinen, gegenüber dem schrittweisen Übergang vom Dunkel der Nacht zum Glanz des natürlichen Lichts, das die Welt in der ganzen Mannigfaltigkeit ihrer Formen und Farben enthüllt und ausmalt. Wenn die letzten Sterne verblassen und sich die Phantasmagorien des Schlafs zerstreuen, tritt die Bestimmtheit des Tages an ihre Stelle, um wieder zu entflechten, was die Nacht verwirrt hatte.

Während zuvor die Sterne in der Finsternis pochend leuchteten – *in obscura nocte sidera micant* steht auf einem Türpfosten des Benediktinerklosters von Subiaco geschrieben –, sind sie jetzt entschwunden, und der, der eben noch schlief, geht vom Sich-Auflösen der gewohnten Festigkeit der Welt zu ihrer Wiederzusammensetzung im Rahmen einer bekannten und beharrlichen Ordnung über, von der halluzinierenden Logik des Wunsches zum harten Realitätsprinzip. In einem jeden lässt jetzt die Verarbeitung der innerlichsten Ängste, Interessen, Hoffnungen und Fantasien (die der Schlaf – wie in einem zweiten Leben – in Parallelgeschichten zu denen des Wachens verstrickt) der überheblichen Eindeutigkeit des Tagesbewusstseins den Vortritt.

Der Schlaf ist ein vollkommen alltägliches und doch zugleich auch völlig verstörendes Phänomen, das nicht aufhört, uns ratlos zu machen, bis hin zu der Annahme, dass irgendeine fremde Macht uns in eine andere Dimension versetzte. Wie von einer besonderen Schwerkraft angezogen, werden wir jedoch zyklisch aus einem anderen Raum und einer anderen Zeit in die Ordnung und Kontinuität des Alltagslebens zurückgeführt und vom Verlust unserer selbst zu unserer Wiederentdeckung zurückgeleitet. Um diese Wiederzusammenführung mit uns selbst nach unserer Rückkehr aus der nächtlichen Welt zu bezeichnen, bediente sich Proust eines Bildes, das an die Soldaten kindlicher Spiele erinnert:

> »Man nennt dies einen bleiernen Schlaf, und man fühlt sich selbst danach wie eine bloße Bleifigur. Man ist niemand mehr. Wie bringt man es überhaupt fertig, wenn man dann seine Gedanken, seine Persönlichkeit, wie einen verlorenen Gegenstand sucht, sein eigenes Ich und nicht statt dessen ein anderes wiederzufinden? Warum, wenn man wieder zu denken beginnt,

verkörpert sich nicht in uns eine andere Persönlichkeit anstatt unserer früheren?«[2]

Außerhalb der nächtlichen Klammer nimmt alles wieder seinen üblichen Platz im Raum ein und fällt in das vorbereitete mentale Fach zurück. Die Ordnung der Worte und der Dinge entsteht erneut: Wir kehren zur alltäglichen »Routine« zurück, indem wir an voraufgehende Erfahrungen anknüpfen und zwischenzeitlich besänftigte Beunruhigungen wiedererwecken, während die Dinge ihre scheinbare Unerschütterlichkeit zurückerlangen.

Alltäglich dem Aufklaren des nächtlichen Himmels beiwohnen zu können, und zwar in dem Moment, da die Mehrzahl der Lebewesen aus der benommenen Sammlung in sich selbst austritt, um den Kontakt mit der Welt wieder aufzunehmen, stellt für uns ein außergewöhnliches Ereignis dar. In der vorindustriellen Welt agrarischer Prägung – als die Nacht noch nicht von der allseitigen Ausbreitung elektrischer Beleuchtung, von den Nachtschichten in der Fabrik oder einem Hinausschieben der Zerstreuungen kolonisiert worden war – erwachte man dagegen zumeist durch den Morgengesang der »geflügelten Wache«.

Die Klassiker der Literatur helfen uns ein weiteres Mal dabei, die Atmosphäre zu rekonstruieren, welche die jahrtausendealte Erfahrung zahlloser Individuen während ihres Zugegenseins beim

Übergang vom Dunkel zum Licht nach ihrer täglichen Auferstehung vom kleinen Tod des Schlafs umgab. Hören wir zuerst darauf, wie Vergil und Ovid die Ruhe aller Wesen in der Stille der Natur beschreiben. Vergil sagt:

> »Nacht war; friedliche Ruhe genossen auf Erden die müden Leiber, es waren zur Ruhe gekommen Wälder und wilde Wogen, Sterne durchkreisten still die Mitte der Bahnen, ringsum schweigt das Gefilde, die Tiere, die bunten Vögel, alle, die weitum wohnen in klaren Seen und dornbuschstarrenden Feldern, sie ruhen in schweigender Nacht und schlafen. Machten sanfter die Sorgen, die Herzen vergaßen der Mühsal.«[3]

Ovid nimmt diesen *topos* sodann wie folgt auf:

> »In tiefer Ruh gelöst sind Mensch wie Vogel wie Tier, [...] es schweigen ohne Bewegung die Blätter, es schweigen die feuchten Lüfte, funkeln die Sterne allein.«[4]

Sehr viel später kehrt dieses Motiv in einem Gedicht von Nikolaus Lenau[5] mit Verweis auf die Vögel wieder, die, im Schlaf in die Tiefe eines Schilfdickichts eingetaucht, erzittern und sich regen an einem unbewegten, nächtlichen Weiher, der vom Mond beschienen wird.

Zur Heraufbeschwörung des Aufwachens in vormodernen Gesellschaften diene zumindest der folgende eindringliche Auszug aus Hermann Brochs *Der Tod des Vergil*, in dem die unmittelbar bevorstehende Ankunft des Tages vom Nachhallen vergangener Dinge, vom Atmen der Tiere und von den Tätigkeiten und Sorgen zum Markt eilender Männer angekündigt wird:

> »Es rührte von den Bauernkarren her, die in immer enger werdender Reihe angefahren kamen, die Lebensmittel zum Morgenmarkt zu bringen; schlaflangsam bewegte es sich vorwärts, Rumpeln der Räder in den Pflastergeleisen, Knarren der Achsen, knirschendes Anstreifen der Felgen an den Randsteinen, Klicken der Ketten und Geschirre, aber manchmal brüllte schnaubenden Atmens ein Ochse, manchmal ertönte ein schläfriger Ruf [...]. Das Atmende durchwanderte den Atem der Nacht, mitwanderten Feld und Garten und Nahrung, mitatmend auch sie, und der All-Atem öffnete sich, die Kreatur zu empfangen.«[6]

Sich in der Welt orientieren

Der letzte literarische Text, dessen ich mich als Einleitung zu Fragestellungen von größerem theoretischen Format bedienen möchte, ist verhältnismäßig bekannter. Es handelt sich um einige Seiten zu Anfang von Prousts *Recherche*, in denen das plötzliche Erwachen des Protagonisten in tiefer Nacht eine vollständige Desorientierung in ihm bewirkt: Er weiß nicht mehr, wo er sich befindet, und ist fast nicht mehr dazu in der Lage, die Einheit und Bewusstheit des eigenen Ich wiederherzustellen. Er versucht also, sich von Neuem in Raum und Zeit zu verorten und sich der Positionen der Möbel und Mauern zu erinnern, auf dass »die unsichtbaren Wände im Dunkel kreisten und ihren Platz je nach der Form des vorgestellten Raumes wechselten« und so das Wiedererkennen des Ortes vorbereiteten, an dem er sich jetzt befand und der zu Beginn wirr und von den schwankenden Umrissen der erinnerten Orte abgeschnitten schien. Es dauert nur einen Augenblick, dann übernimmt das wache Bewusstsein die Kontrolle über die Situation, und das Denken und die Gewohnheit zurren Zeiten und Räume wieder fest.

Als kaum wahrnehmbares Residuum bleibt jedoch der Verdacht zurück – hervorgerufen durch die keineswegs unmittelbare Rekonstruktion der Raumkoordinaten –, dass die angebliche Starrheit der Dinge nicht urwüchsig ist, sondern im Wesentlichen unsere rigide mentale Organisation widerspiegelt:

»Vielleicht beziehen die Dinge um uns ihre Unbeweglichkeit nur aus unserer Gewißheit, daß sie es sind und keine anderen, aus der Starrheit des Denkens, mit der wir ihnen begegnen.«[7]

Zu pädagogischen Zwecken und um sie identifizieren zu können, haben wir die Dinge von ihrem Fleisch gelöst, sie in ihrer Polysemie komprimiert und klassifiziert. Indem wir sie von ihrem Hintergrund und unserer Aktivität isoliert haben, haben wir ihnen – sie denkend – jeglichen Bezug zu uns genommen und sie auf materielle Entitäten reduziert, die uns nach dem Modell einer vorgegebenen Elementartypologie einfachhin gegenüberstehen:

»Die Wörter führen uns von den Dingen ein kleines, deutliches, landläufiges Bild vor Augen, wie man sie an die Wände eines Schulzimmers hängt, um den Kindern zu zeigen, was eine Hobelbank, ein Vogel, ein Ameisenhaufen ist, und zwar in einer Gestalt, die allen der gleichen Art gleichmäßig nahe kommt.«[8]

Während des Heranwachsens benennen wir die Dinge, fixieren sie in unserem Gedächtnis, erkennen sie wieder, lassen sie aus einer Szenerie von verschwommenen Zügen hervorstechen, und einzig und allein die durch alle diese Prozesse erworbene Vertrautheit erlaubt es uns, uns zu orientieren und den Dingen eine Bedeutung zu geben. Auf diese Weise erlernen wir, sie auf einer räumlichen und zeitlichen Karte zu verorten, von ihnen Gebrauch zu machen oder auf sie zu verzichten, sie zu kaufen oder zu verkaufen, sie zu lieben, zu hassen oder sie uns gleichgültig werden zu lassen.

Indem wir diese Operationen durchführen, vernachlässigen wir die Tatsache, dass uns schon die Wahrnehmung unzählige Unterschiede und Nuancen in den Dingen enthüllt. Die Beschreibung eines einfachen, auf dem Tisch abgelegten Blatt Papiers zum Beispiel könnte genauso gut auch nie an ein Ende gelangen:

> »Je mehr wir es betrachten, um so mehr enthüllt es uns von seinen Besonderheiten. Jede Neuorientierung meiner Aufmerksamkeit, meiner Analyse zeigt mir ein neues Detail: der obere Blattrand ist ein wenig gewellt; die dritte Linie geht in Punkte über usw.«[9]

Aufgrund kultureller Schemata und persönlicher Interessenslagen vernehmen und berücksichtigen wir nur das, was Sinn und Interesse für uns besitzt. Wir schneiden die Dinge aus der unerschöpflichen Hintergrundleinwand des Wahrnehmungsfeldes heraus und begrenzen sie mittels der Formen, die uns von den Namen und Benennungen unserer

Sprache nahegelegt werden, von erworbenen Begriffen und unseren persönlichen Projektionen (unter Anthropologen kursiert die Anekdote über den Wilden, der, in eine große Stadt verbracht, keine Hochhäuser, Straßenbahnen und Autos bemerkt, sondern nur eine auf einem Schubkarren transportierte Bananenstaude, da sich allein diese Episode kohärent in das Gewebe seiner Erfahrung einfügt).

Diese Nachgiebigkeit der Wahrnehmungsobjekte in Rechnung gestellt, heißt, die Umrisse der Dinge zu entwerfen, oftmals – und ursprünglich – eine Auswahl zu treffen: »Die Linie ahmt das Sichtbare nicht nach, sondern ›macht sichtbar‹«, sagt Klee.[10] In den unterschiedlichen Kulturen folgt die Namenszuweisung an die Dinge sowie die Struktur begrifflicher Konzeptualisierungen tatsächlich jeweils besonderen Pfaden, je nach den vorherrschenden Interessen und Leitkriterien: Für uns ist Schnee einfach Schnee, während es bei den Eskimos Dutzende Namen zu seiner Bezeichnung gibt (seine verschiedenen Typologien zu unterscheiden, ist für sie überlebenswichtig). Allein die Gewöhnung an die Selbstverständlichkeit lässt uns also die zahlreichen Prozesse vergessen, die zum Namen und zur Identifikation der jeweiligen Sache geführt haben.

Mit dem Ziel, uns in der Welt zu orientieren und die theoretische und praktische Erkenntnis zu befördern, weisen wir den Dingen eine tendenziell eindeutige Bedeutung zu, indem wir die vielfältigen Bedeutungen der Dinge abtragen und ihre symbolischen und affektiven Werte vergessen. Man denke an diejenigen der Feuerstelle (um die sich Stämme oder Familien über Jahrtausende versammelten, um die Tagesereignisse zu kommentieren und Legenden und Märchen zu erzählen) oder, in anderen Kulturen, an diejenigen des Ofens, der im China des 19. Jahrhunderts sogar verehrt und zu einer »Göttin Ofen« gemacht wurde und damit zum Symbol der familiären Einheit sowie des sozialen Rangs seines Besitzers aufstieg.[11] Im Unterschied zur Wärme des Heizkörpers, der beim Betrachten keine Lust erzeugt und auch keinerlei Fantasie wachruft, reduziert sich die Flamme nicht auf ein einfaches Verbrennungsphänomen und der Ofen in China auch nicht auf eine bloße Wärmequelle. Gewiss gehorchen Flamme und Wärme genauen physikalischen Gesetzen, jedoch erschöpfen diese ihren Sinn nicht.

Unterscheiden lernen

Ist es illusorisch, sich vorzustellen, dass es in diesen zeitlichen Zwischenräumen zwischen Schlaf und Wachen einfacher sein könnte, die Dinge – sie quasi kalt erwischend – hinterrücks zu erfassen, bevor sie ihre präzise mentale und reale Stellung einnehmen? Oder handelt es sich dabei vielmehr um ein naives Manöver, das demjenigen der Kinder gleicht, die sich ruckartig umdrehen, um zu schauen, ob der Schutzengel wirklich existiert? So oder so, welcher theoretischer Strategien muss man sich bedienen, um der Welt einen volleren, weniger auf die »Routine« der Alltäglichkeit abgeplatteten oder weniger an der Herrschaft über die Dinge interessierten Sinn zu geben? Der musikalische Verweis auf »Fast eine Fantasie«, mit dem ich den Einsatz dieses Buches überschrieben habe, diente jedenfalls nicht allein dazu, die Präsenz eines unbestimmten, noch zu verteilenden Mehrwerts an Sinn anzuzeigen, der hindurchscheint, bevor die Dinge im Übergang von der Logik des Schlafs zu der des Wachens oder vom Dunkel zum Licht normalisiert werden, sondern vor allem auch dazu aufzuzeigen, dass die Fantasie einen nicht zu eliminierenden Faktor unserer Beziehung zu den Dingen darstellt. Sie begleitet das unaufhörliche Schwanken unserer Projektionen auf die Welt und arbeitet die vielfältigen Bedeutungen weiter aus, die unsere Spezies über die Dinge ausgestreut hat. Dieser Hinweis ist notwendig, und zwar nicht um eine Lobrede auf die Wiederverzauberung der Welt zu verfassen oder zur Regression in den Animismus aufzufordern, sondern um der Natur der Sachen selbst nachzukommen.

Ich habe das dem ersten Anschein nach so unbedeutende Moment des Erwachens gerade deshalb hervorgehoben, um ein Sinnverstehen der Dinge zu begünstigen, bevor Gewohnheit und funktionale Orientierung die Oberhand gewinnen. Der Rückgriff auf diese Erfahrung reicht jedoch nur dazu hin, die Vorstellung plausibel zu machen, dass den Dingen eine virtuelle und unbestimmte Mannigfaltigkeit an Bedeutungen innewohnt, erklärt jedoch noch nicht, wie das geschieht. Um das zu verstehen, ist es wiederum erforderlich, zuallererst ein geeignetes Vokabular auf analytische Weise zu rekonstruieren, das nicht nur erstellt wird, um aufzuzeigen, wie die symbolischen, kognitiven und affektiven Bedeutungen in den Dingen ausflocken, sondern auch, warum diese – wie die große philosophische Tradition allzu gut wusste, während wir es wieder vergessen zu haben scheinen – keine uneigentliche und rein äußerliche Ergänzung darstellen.

Das Ding

Nachdem etwas Geduld aufgebracht worden ist, um einige nicht zu umgehende philologische Probleme bezüglich der linguistischen wie begrifflichen Wiederherstellung der zu verwendenden Termini in Angriff zu nehmen, wird es möglich werden, auch den Ausdruck »Leben der Dinge« weiter aufzuklären und damit eine Antwort auf die legitime Frage zu geben, wie unbeseelte Objekte ein autonomes Leben für sich beanspruchen, sich bewegen, fühlen oder sogar denken und handeln können. Dieses Paradox löst sich auf, sobald die Zweideutigkeit zerstreut sein wird, die – tief in der Alltagssprache verborgen – oftmals auch anspruchsvollere Begrifflichkeiten unterwandert. Das Missverständnis hängt an der fehlenden Unterscheidung zwischen »Ding« und »Objekt«, Worte, die die Zeit verwischt und die damit eine ganze weitere Flut an Missverständnissen hervorgerufen haben, welche sowohl das philosophische Denken als auch den Gemeinsinn trüben. Die nur schwer abzulegende Gewohnheit vorausgesetzt, diese beiden Begriffe als Synonyme verwendet zu hören, ist es gestattet, diesem Gebrauch nachzugeben (in seltenen Fällen werde auch ich es tun), wenn man damit nicht gerade Gefahr läuft, Zweideutigkeiten weiter Vorschub zu leisten.

Das italienische *cosa* [Ding, Sache] (wie auch seine Korrelate in den anderen romanischen Sprachen) ist die Zusammenziehung von lateinisch *causa*, das heißt desjenigen, was wir für so bedeutend und ergreifend halten, dass wir uns für seine Verteidigung einsetzen (wie es auch der Ausdruck »für eine Sache kämpfen«, »sich für eine Sache einsetzen« zeigt). *Res publica* verweist demnach nicht auf einen schlichten Gemeinbesitz, sondern auf das Wesentliche dessen, was alle angeht, was es wert ist, öffentlich diskutiert zu werden, und was folglich das Zugehörigkeitsgefühl der Bürger zur eigenen Gemeinschaft begründet. Das Adjektiv *publica* in *res publica* scheint sich hingegen auf *pubes* zu beziehen, das im Lateinischen die volle Reife der Jünglinge/Männer bezeichnet, die in der Lage sind, Waffen zu tragen und Teil der Armee zu sein (*populus*), und – durch eine sukzessive Erweiterung – auf all diejenigen Bürger, die der Verteidigung und der weiteren Beförderung des Gemeinwohls verpflichtet sind.[12]

Cosa [Ding, Sache] stellt in gewissen Hinsichten das begriffliche Äquivalent des griechischen *pragma* dar, der lateinischen *res* oder der deutschen *Sache* (vom Verb *suchen**), Wörter, die nichts mit dem physischen Ding als solchem zu tun haben und genauso wenig mit dem gängigen Gebrauch des deutschen *Ding* oder des englischen *thing* (im Gegensatz zu ihrer Etymologie, die auf den Akt des sich Versammelns verweist, um miteinander zu verhandeln, ein bestimmtes Geschäft auszuhandeln oder eine entscheidende Angelegenheit anzugehen), sondern die allesamt einen nicht zu unterdrückenden Bezug nicht nur auf Personen, sondern auch auf die kollektive Dimension des Beratens und Beschlüssefassens beinhalten. *Pragma, Sache, Res* (und nur in ihrem Ursprung *Ding* und *thing*) verweisen auf die Essenz dessen, über das man spricht oder das man denkt und fühlt, insofern es uns angeht. *Res* – das dieselbe Wurzel des griechischen *eiro*, reden, beibehält wie auch der lateinische *rhetor* – verweist in seiner Wurzel auf dasjenige, das man beredet und bespricht, weil es uns alle betrifft.

Der Terminus *pragma* besitzt im Griechischen einen Bedeutungsumfang, der das Anliegen, die mich betreffende Sache, dasjenige, in das ich mich in meinem Alltagsleben verwickelt finde, den Gegenstand, über den zu diskutieren oder zu entscheiden ist, insbesondere vor Gericht oder in einer Versammlung, das Sich-um-etwas-Kümmern sowie das Geschäft [affare] (im Wortsinne der zu schaffenden oder zu tuenden Sache [cosa da fare]) einschließt. Seine wichtigsten Komposita im politischen Bereich sind die *apragmosyne*, das Sichenthalten vom politischen Leben (eine nicht nur missbilligte Einstellung, sondern eine, die zu bestimmten Zeiten und in bestimmten Staaten sogar mit der Todesstrafe belegt wurde), sowie die *polypragmosyne* (die im Gegensatz dazu in den demokratischen Städten das Sich-zu-viel-Vornehmen bezeichnet, das Sich-um-zu-viele-Dinge-zugleich-Kümmern, ein Sicheinmischen in die Angelegenheiten der anderen seitens der Intriganten).

Innerhalb des philosophischen Sprachgebrauchs wird *pragma* von Aristoteles in einen Ausdruck aufgenommen – *auto to pragma*, »Sache selbst« –, der eine spezifische und prägnante Bedeutung annimmt. Er bezeichnet sowohl die Tatsachen, wie sie tatsächlich und unabhängig von den Ausdrücken, die man im Rahmen einer Beweisführung nutzt,[13] liegen, als auch den Prozess, durch den die »Wahrheit selbst« das Denken zwingt, in einer bestimmten Richtung nachzuforschen: »Beim weiteren Fortschritt jedoch zeigte ihnen die Sache selbst den Weg und nötigte sie zum (weiteren) Forschen.«[14]

Der hegelsche Ausdruck »die Sache selbst« ist offenkundig eine Lehnbildung aus dem aristotelischen *auto to pragma*,[15] wie auch das husserlsche Motto »Zu den Sachen selbst!« eine weitere Wiederaufnahme darstellt. In der Argumentation Husserls klingt diejenige des Aristoteles deutlich nach:

> »Wir wollen uns schlechterdings nicht mit ›bloßen Worten‹, das ist mit einem bloß symbolischen Wortverständnis, zufrieden geben [...]. Bedeutungen, die nur von entfernten, verschwommenen, uneigentlichen Anschauungen – wenn überhaupt von irgendwelchen – belebt sind, können uns nicht genug tun. Wir wollen auf die ›Sachen selbst‹ zurückgehen.«[16]

Ein solcher Rückgang setzt schließlich auch die gegenläufige Wegstrecke voraus, diejenige von den vermeinten Gehalten hin zu einer Analyse der Begriffe, Metaphern und Symbole, die ihr Verständnis ermöglichen: »Zu den Sachen und zurück«.[17]

Sowohl das aristotelische *auto to pragma* als auch die hegelsche »Sache selbst« sind an die Idee einer *vis veri* gebunden, an die Existenz eines Wahrheitstriebes, der die Menschen auf den Weg ihrer Erforschung drängt. Hegel behauptet das mit Nachdruck, indem er Dante zitiert, der wiederum den menschlichen Geist mit einem Tier vergleicht, das auf natürliche Weise seine Höhle findet:

> »Ich sehe wohl, daß unser Denken nimmer / sich sättigt, eh die Wahrheit ihm nicht leuchtet, / die eine, neben der nichts sonst wahr ist. // Und wie ein Tier in seiner Höhle ruht es / in ihr, sobald es sie erreicht hat; ja; / erreichen kann es sie. Vergebens wäre / sonst jedes Streben«.[18]

In ihrer Darlegung der *vis veri* inszenieren das *auto to pragma* und die »Sache selbst« das Schauspiel der Entwirrung eines ganzen Bedeutungsbündels das Wesen von etwas betreffend. Diesem Schauspiel kann das Denken – in erkennbar passiver Art und Weise – nur beiwohnen. Denn die drei Ausdrücke verweisen auf eine automatische Entwicklung der Gehalte, der das Vermögen zugebilligt wird, sich aus eigener Kraft zu artikulieren und zu entfalten.

All das vollzieht sich in Entgegensetzung zum Weg des individuellen Bewusstseins, das sich dem Wesen der Sache auf langsame und verschlungene Weise annähert, und zwar gemäß einer Ortsbewegung, die von der subjektiven Sphäre ausgeht und von Aristoteles als *pros emas* bestimmt wird, von Hegel – in einer weiteren offensichtlichen Lehnbildung – als »Für uns«. Das *auto to pragma* und die »Sache selbst« stehen hingegen für die konzise, »geradlinige« und logisch verkettete Entwicklung der Schlussfolge ausgehend von unbeweisbaren Axiomen oder Prinzipien: die genaue Kehrseite des »Für uns«, des Sichvortastens der Untersuchung mit allen Wechselfällen und Wirrungen einer Subjektivität, die sich noch nicht in Einklang mit dem Wahren befindet.

Das wirkmächtigste und kohärenteste Modell des *auto to pragma* bilden die *Elemente* des Euklid, in denen es im Rahmen der Beweisführung eines Theorems die »Sache selbst« zu sein scheint, die ihr Wesen – angetrieben von der *vis veri* – nach und nach einem jeden enthüllt, der gewillt ist, den einzelnen, von der Methode (*meta odos*, der verpflichtende Weg, durch den man zu den Resultaten gelangt) auferlegten Schritten zu folgen.

Auch Hegel zeigt in der *Phänomenologie*, dass für ein Erfassen der Selbstbewegung der »Sache selbst« das »Anschauen« nötig sei, das Eindringen und Sichverlieren im Gegenstand, um seine innere Essenz ausdrücken zu können: »Das wissenschaftliche Erkennen erfordert aber vielmehr, sich dem Leben des Gegenstandes zu übergeben, oder, was dasselbe ist, die innere Notwendigkeit desselben vor sich zu haben und auszusprechen.«[19] Das daraus gewonnene Wissen fällt mitnichten mit der mimetischen Reproduktion des Gegenstandes im traditionellen, passiven Spiegel des Geistes zusammen, mit dem ein von der Welt abgetrenntes Subjekt ausgestattet wäre. Das hegelsche Subjekt ist Aktivität, ist Energie, die sich nicht mit dem für die »horizontale« Subjekt-Objekt-Beziehung typischen statischen Gleichgewicht zufriedengibt, wie es die »Substanz« repräsentiert. Während sich Hegel, um die Notwendigkeit eines dynamischen Bruchs dieses Gleichgewichts zu unterstreichen, in seinen Jugendschriften auf die »Identität von Identität und Nichtidentität« bezogen hatte, wird die unauflösbare Bindung von Subjekt und Objekt in der *Phänomenologie* dem endgültigen Primat der Subjektivität unterstellt:

> »Es kömmt [...] alles darauf an, das Wahre nicht als *Substanz*, sondern eben so sehr als *Subjekt* aufzufassen und auszudrücken.«[20]

Auf ein solches Modell der automatischen Entwicklung der Sache verweisen auch die Sprichwörter *rem tene, verba sequentur* und *res ipsa loquitur*: »An die Sache halte dich, die Worte werden sich von selbst einstellen« und »Die Sache spricht für sich selbst«. Dabei ist offenkundig, dass das dem Bewusstsein äußerliche Objekt streng genommen nicht dazu fähig ist zu sprechen: Im Begreifen der Sache, im Überschreiten des stummen Objekts verleiht der Gedanke der »Substanz« eine Stimme als demjenigen, wovon er sich im Verstehen nährt. Im Übrigen bezeichnet der griechische Begriff *ousia*, Substanz, ursprünglich den Ackergrund, aus dem der Bauer nicht seine Substanz, wohl aber seinen Unterhalt bezieht.

Auto to pragma und »Sache selbst« unterscheiden sich von *pragma* und Sache (sowie von *res* und *causa*), insofern sie auf einen Prozess der automatisierten Entwicklung einer bereits erreichten Wahrheit abstellen, die in der ersten Person spricht, während sich die anderen beiden Ausdrücke insbesondere auf das Moment der Diskussion und der laufenden Untersuchung beziehen, in dem sich das Ding seine Attribute einverleibt und in Theorie und Praxis stufenweise Form annimmt.

Bei Hegel bekommt der Sinn von »Sache« sowie von »Sache selbst« eine weitere Schattierung, die jedoch den Bedeutungskern beibehält, wie er auch in anderen Kontexten und bei anderen Autoren präsent ist. Er zeigt nämlich, wie sich das Individuum im Handeln realisiert, auch jedoch, wie es – mit der Anmaßung ausgestattet, als Einziges der Böswilligkeit und der Entsittlichung der anderen zu entgehen – beansprucht, die allgemeine »Sache selbst« zu verkörpern, während es in Wirklichkeit nichts anderes als sein beschränktes Interesse, seine Privat-*Sache* vertritt. Die »Sache selbst«, das Resultat des Tuns von allen und jedermann, ist genau das anonyme Resultat, dessen sich ein jeder in einer Art von hobbesschem Krieg aller gegen alle auf dem Territorium des »animalischen Reichs des Geistes« bemächtigen will, innerhalb dessen der Einzelne nicht gewahr wird, von der geschichtlichen Welt konditioniert zu sein, und so handelt, als ob er sich in einem rein natürlichen Umfeld befände. Im Unterschied zu animalischen Gesellschaften wie derjenigen von Bienen oder Ameisen, in denen eine kollektive Ordnung der spontanen Kooperation herrscht, setzen sich die Menschen (und darin liegt ihre Größe wie ihr Elend begründet) nicht spontan das Gemeinwohl der Gesellschaft zum Ziel.

Wie die Modelle zeigen, die Hegel dabei vor Augen hat – die Verwandlung privater Laster in öffentliche Tugenden bei Mandeville, die *concordia discors* bei Kant und die »unsichtbare Hand« Adam Smiths –, entspringen aus dem Verfolg des je eigenen Vorteils unerwartete Wirkungen, da die Feindseligkeit und die gegenseitige Konkurrenz eine Mobilisierung individueller Energien sowie die Entwicklung und Reifung des Einzelnen befördern. Von allen Seiten von Mitmenschen umzingelt – die danach trachten, sich derselben knappen Güter zu bemächtigen, die er selbst anvisiert –, ist ein jeder dazu gezwungen, aufzusteigen, in die Höhe emporzuwachsen wie eine Pflanze, welcher der Raum verwehrt ist, sich horizontal zu entfalten. In den modernen, auf Individualismus und Wettbewerb gegründeten Gesellschaften verorten sich die Menschen demnach zwischen der Animalität der Bedürfnisse und den höheren Erfordernissen einer Zusammenarbeit innerhalb der Gesellschaft. Sobald die »Sache selbst« ihre eigene Autonomie erlangt – indem sie zur objektiven »Durchdingung« von Individualität und Wirklichkeit wird –, verfliegt die Selbsttäuschung derjenigen, die vorgeben, die gemeinsame Sache zu verkörpern. In ihrem Zusammenfließen transzendieren die mannigfaltigen Privat-*Sachen* ihre Besonderheit und erheben sich auf die kollektive Ebene des *Geistes* (verstanden als »universelle Arbeit der menschlichen Gattung«, als Kultur). Dieser geht aus der »Sache selbst« als ihre Fortsetzung hervor und überwindet – in einem endlosen, auf das Gemeingut ausgerichteten Prozess – die Widersprüche, in die sich das Handeln der Individuen verstrickt.[21] In der *Phänomenologie* mündet das

Handeln von allen und jedem in die Bildung der »ethischen Substanz«, dem öffentlichen, mentalen und affektiven Ort, der einer bestimmten Kultur zugrunde liegt. Diese ist dazu imstande, das Handeln der Individuen anzuleiten, da sie, indem sie sich von deren privaten Absichten abgetrennt hat und objektiv geworden ist, sich mit Werten aufgeladen hat, mit einer Beispielhaftigkeit, die diese transzendiert (das ist der Fall der »ungeschriebenen Gesetze« Antigones sowie derjenigen, welche die *polis* Kreons verabschiedet hat).

Allgemeiner gefasst und außerhalb der ethischen Dimension betrachtet reduzierte die sogenannte klassische Metaphysik das Ding auf seine wesentlichen logischen Elemente, auf seinen Begriff:

> »Jene [Metaphysik] legte nemlich zu Grunde, daß das, was durchs Denken von und an den Dingen erkannt werde, das allein an ihnen Wahre sey; somit nicht sie in ihrer Unmittelbarkeit, sondern sie erst in die Form des Denkens erhoben, als Gedachte. Diese Metaphysik hielt somit dafür, daß das Denken und die Bestimmungen des Denkens nicht ein den Gegenständen fremdes, sondern vielmehr deren Wesen sey, oder daß die Dinge und das Denken derselben, (– wie auch unsere Sprache eine Verwandtschaft derselben ausdrückt, –) an und für sich

> übereinstimmen, daß das Denken in seinen immanenten Bestimmungen, und die wahrhafte Natur der Dinge, ein und derselbe Inhalt sey.«[22]

Bei Hegel verwandelt sich eine solche Metaphysik wesentlich in Ontologie, in ein System, das dazu imstande ist, Sein und Denken zu vereinen. Er gibt sich demnach nicht damit zufrieden – wie das etwa bei Kant angelegt ist –, die Phänomene zu erkennen, die sich den Sinnen und dem Intellekt durch das Werk eines geheimnisvollen »Dings an sich« darbieten; er will die Wirklichkeit erkennen und sie mit der Sprache der »Sache selbst« sprechen lassen. Auf der logischen Ebene artikuliert sich die Ontologie in Kategorien, die (mit Begriffen wie »Werden«, »Gleiches« oder »anderes«) nicht nur jede unserer Vorstellungen untergreifen, sondern auch jeden Inhalt und jede Ausrichtung unseres Geistes, insofern sie »gleichsam das diamantene Netz [sind], in das wir allen Stoff bringen und dadurch erst verständlich machen«.[23]

Zwischen Objekt und Subjekt

»Objekt« hingegen ist ein Terminus neueren Datums, der auf die mittelalterliche Scholastik zurückgeht und auf theoretischem Wege in die Fußstapfen des griechischen *problema* zu treten scheint, wobei »Problem« zuerst als eine zu Verteidigungszwecken errichtete Hürde zu verstehen ist, als ein Hindernis, das, indem es sich dazwischenschiebt und die Straße versperrt, den Weg abschneidet und zu einem Anhalten zwingt. Auf Latein bedeutet *obicere* dann noch spezifischer: entgegenwerfen, vorsetzen.

Die Idee von *obiectum* (oder von *Gegenstand**, dasjenige, das vor mir oder mir entgegensteht) beinhaltet demnach eine Herausforderung, einen Gegensatz, der dem Subjekt seine unmittelbare Affirmation versagt und eben genau damit seinem Beherrschungsanspruch »entgegensteht«. Sie setzt eine Konfrontation voraus, die mit einer endgültigen Überwältigung des Objekts endet, das – nach diesem seinem Agon – dem Subjekt verfügbar gemacht und der Manipulation seitens des Subjekts unterworfen wird. Das Ding hingegen ist nicht das Objekt, das unbestimmte Hindernis, das mir entgegensteht und das ich niederzureißen oder zu umgehen habe, sondern ein Knotenpunkt von Beziehungen, in die ich mich einbegriffen fühle und weiß und über die ich keine exklusive Kontrolle beanspruche. Keiner dieser Ausdrücke – *pragma*, *res*, *causa* oder *Sache* – bezieht sich in spezifischer oder ausschließlicher Weise auf Objekte, während jeder einzelne auf Logik, Forschung, auf Praxis oder zwischenmenschliche Beziehungen verweist.

Wie allgemein bekannt, besaß das Wort »Subjekt« ursprünglich einen Sinn, der demjenigen diametral entgegengesetzt ist, den wir ihm heute für gewöhnlich zuschreiben: Es bezeichnete nämlich genau das, was wir gegenwärtig »Objekt« nennen. Das lateinische *subjectum* übersetzt das griechische *hypokeimenon* und verweist auf das Substrat, das die Qualitäten oder die Akzidenzien der Materie trägt (oder – in einem logischen Sinne genommen – die Prädikate eines Subjekts). Von Aristoteles bis hin zur Scholastik ist »Subjekt« dasjenige, dem man Bestimmungen zuschreibt oder dem diese Bestimmungen innewohnen. Will man sich in einem technischen Sinne noch genauer ausdrücken, so handelt es sich um das reale Objekt, auf das sich die prädizierbaren Bestimmungen beziehen (wie es in der *Metaphysik* des Aristoteles geschieht: »Das Zugrundeliegende [Subjekt] aber ist dasjenige, von dem das übrige ausgesagt wird, das selbst aber nicht wieder von einem anderen ausgesagt wird«[24]), oder aber um die Substanz, insofern ihr Qualitäten oder Bestimmungen innewohnen.[25] Noch bei Locke bezeichnet »Subjekt« das *substratum* oder den Träger, die Unterlage.[26]

Obgleich auch Descartes die Begriffe »Subjekt« und »Objekt« noch in einem scholastischen Sinne gebraucht (und er das, was der Subjektivität am nächsten kommt, in der dritten seiner *Meditationen* ›*sola mens*‹ nennt), gilt er gemeinhin als der Wegbereiter moderner Subjektivität. In Wirklichkeit denkt man, wenn man ihm die modernitätseröffnende Geste zuschreibt, an das *cogito* als Ort der unbestreitbaren Evidenz, die jegliches Wissen begründet. Ausgehend von seinem Eingeständnis, verkleidet im großen Welttheater mitzuspielen (»larvatus prodeo«, so sagt er), wird Descartes jedoch häufig als ein listiger Prometheus vorgestellt, der den Menschen das Geschenk der Rationalität und der Freiheit darbringt, gemäß rationaler Evidenzen zu wählen.

Tatsächlich aber handelt es sich dabei um ein von ihm als allzu ehrgeizig eingestuftes Ziel. Erst mit Kant, und insbesondere im Anschluss an Kant, wird »Subjektivität« zu einem Synonym von reflektierter Bewusstheit und individueller Autonomie. Und obwohl sich die Unterscheidung zwischen den beiden Polen von Subjektivität und Objektivität mittlerweile eingespielt hat, kann es dennoch mitunter vorkommen, dass sich die Bedeutung der Begriffe »subjektiv« und »objektiv« umkehrt. Das gilt umso mehr, wenn man sich auf die gegenwärtige Massengesellschaft und ihren Konformismus bezieht:

> »Objektiv heißt die nicht kontroverse Seite der Erscheinung, ihr ungefragt hingenommener Abdruck, die aus klassifizierten Daten gefügte Fassade, also das Subjektive; und subjektiv

nennen sie, was jene durchbricht, in die spezifische Erfahrung der Sache eintritt, der geurteilten Convenus darüber sich entschlägt und die Beziehung auf den Gegenstand anstelle des Majoritätsbeschlusses derer setzt, die ihn nicht einmal anschauen, geschweige denken – also das Objektive.«[27]

Verwaiste Objekte

Die Bedeutung von »Ding« ist weiter gefasst als diejenige von »Objekt«, da sie auch Personen und Ideale umfasst sowie – allgemeiner gesprochen – alles, was uns interessiert und am Herzen liegt (oder was öffentlich diskutiert werden kann, weil es jenes Gemeinwohl betrifft, von dem im Rahmen einer konfliktgeladenen Beziehung auch das Wohl der Einzelnen abhängt). Wenn ich die Personen hier auch notwendig im Hintergrund belasse, entscheide ich mich doch dafür, ausschließlich von »materiellen« Dingen zu sprechen, die von Menschen erarbeitet, konstruiert oder erfunden wurden, indem diese von der Natur bereitgestellte Rohmaterialien spezifischen Modellen, Techniken und kulturellen Traditionen folgend bearbeiten. Der dem Ding gewährte Vorzug vor dem menschlichen Subjekt dient im Übrigen auch dazu, das Subjekt in seiner Kehrseite zu zeigen, in seinen verborgenen und am wenigsten frequentierten Facetten. Mit Affekten, Begriffen und Symbolen belegt, die Individuen, die Gesellschaft und die Geschichte auf sie projizieren, werden Objekte zu Dingen und unterscheiden sich von Waren als einfachen Gebrauchs- oder Tauschwerten oder als Ausdruck eines *Statussymbols* (Waren werde ich dennoch breit berücksichtigen, und zwar nicht nur als reine Kontrastfolie).

Wie aber lässt sich eine Klassifikation der virtuell unendlichen Mannigfaltigkeit der Objekte, der Waren sowie der uns umgebenden Dinge aufstellen, insbesondere heutzutage, da »die Gegenstände des täglichen Gebrauchs […] eine sprunghafte Zunahme zeigen, die Bedürfnisse immer vielfältiger werden, die Produktion ihr Kommen und Gehen beschleunigt, und wir schließlich der Wörter ermangeln, um alle mit Namen zu benennen«?[28] Wie genau läuft die Transsubstantiation von Objekten in Dinge ab? Wie lässt sich von der Indifferenz oder Unkenntnis einem Etwas gegenüber dazu übergehen, dieses als mit einem mehrfachen Sinngehalt ausgestattet zu denken, wahrzunehmen oder zu imaginieren, das dazu fähig ist, von sich aus die eigenen Bedeutungen auszusenden?

Es besäße durchaus seinen Reiz, analog zur diagnostischen Technik des *Quantitative Magnetic Color Imaging* (QMCI) des Gehirns oder anderer Organe für jedes einzelne Individuum über virtuelle Karten zu verfügen, die imstande sind, diejenigen Aspekte der Realität exakt zu erfassen, die es jeweils am stärksten interessieren. In Rot könnte man die Bereiche seiner vorbehaltlosesten kognitiven wie emotiven Anteilnahme hervorheben und in unterschiedlichen gestrichelten Grauabstufungen diejenigen, die von weniger oder gar keinem Belang für es sind. Man erhielte so eine Art von ausgedehntem Personalausweis und könnte dem Prozess beiwohnen, der die Gegenstände in Resonanzgehäuse unserer Ideen, Tätigkeiten, Leidenschaften und Fantasien umwandelt.

Ähnlich dem vertrockneten Zweig, den Stendhal in *De l'amour* beschreibt (und der sich – als eine Allegorie auf die Qualitäten, die von der Vorstellungskraft auf die geliebte Person projiziert werden – nach einiger Zeit in den Steinsalzminen von Salzburg mit prächtigen Kristallen überzieht), ist jedes Objekt dafür empfänglich, positive wie negative Sinnbesetzungen und -entzüge zu erfahren, sich mit einer Aura zu umgeben oder ihrer beraubt zu werden, sich mit Kristallen des Denkens und der Zuneigung zu bedecken oder aber wieder zu einem vertrockneten Zweig zu werden, unsere Welt zu bereichern oder verarmen zu lassen, indem es den Dingen Wert und Bedeutung hinzufügt oder sie von ihnen abzieht.

Wir besetzen Gegenstände auf geistigem wie auch affektivem Wege, verleihen ihnen Sinn und gefühlsmäßige Qualitäten, packen sie in Schreine der Begierde oder abstoßende Hüllen, ordnen sie in Beziehungssystemen, fügen sie in Geschichten ein, die wir rekonstruieren können und die uns oder die anderen betreffen:

> »Ein Gegenstand ist nicht einfach nur ein Gegenstand, er trägt menschliche Spuren, wir leben in ihm fort. Die Dinge, die uns lange begleiten, sind auf ihre bescheidene und loyale Art nicht weniger treu als unsere Tiere und Pflanzen. Jedes einzelne von ihnen hat eine Geschichte, eine Bedeutung, und diese verbinden sich mit der Geschichte der Personen, die sie benutzt und geliebt haben. Menschen und Gegenstände bilden einen Zusammenhang, eine Einheit gewissermaßen, die nicht ohne Schmerz aufgekündigt werden kann.«[29]

Wie aber funktionieren und woraus leiten sich die Projektionen sowie die sich daraus ergebenden Verzerrungen unserer affektiven Besetzungen der Objekte ab? Die Antwort darauf hat – mit größtenteils auch heute noch uberzeugenden Ergebnissen – Sigmund Freud in *Trauer und Melancholie* skizziert. Wir besetzen Personen, Tiere, Ideale oder Gegenstände mit libidinösen Kräften (Quantitäten affektiver Energie) unterschiedlicher Stärke, die dann strikt ihrem Objekt anhaften. Im Falle, dass das Objekt aus unserem vitalen Horizont verschwinden sollte (aufgrund des Todes eines geliebten Menschen, der Auflösung eines Ideals, des Verschwindens eines Dinges, an dem uns gelegen war), schweift die libidinöse Kraft – nun nicht mehr in demjenigen verankert, was sie zuvor angezogen und in sich einbehalten hatte – ziellos auf der Suche nach neuer Verortung umher und wirkt heftig auf die zu ihrer Aufnahme unfähige Psyche zurück, indem sie diese dazu zwingt, sie anderswo erneut zu investieren.

Der Widerwille, sich von der vorangehenden Bindung loszusagen (da es uns scheint, einen Akt der Untreue zu begehen, der ihr Andenken betrügt), kann diese umherirrende Energie indessen über einen langen Zeitraum daran hindern, ein anderes Liebesobjekt zu finden, auf das sie sich richten könnte. Dann stellt sich ein Seelenzustand der Trauer ein, der eine innere Leere herbeiführt sowie zu einem schmerzhaften Verlust des Weltinteresses verleitet und der sich – wie im Falle der Melancholie – durch Prozesse der Selbstanklage gegen sich selbst kehrt.[30]

Ein derartiger Sinn für die Vergänglichkeit von allen Dingen wird kraftvoll von Fernando Pessoa ausgesprochen:

»Ich fühle die Zeit mit einem gewaltigen Schmerz. Immer erfaßt mich übertriebene Rührung, wenn ich irgend etwas verlassen muß. Das ärmliche möblierte Zimmer, worin ich ein paar Monate zugebracht habe, der Tisch des Hotels in der Provinz, in dem ich sechs Tage gelebt habe, sogar der traurige Wartesaal des Bahnhofs, in dem ich zwei Stunden in Erwartung des Zuges vergeudet habe – ja, doch die angenehmen Dinge des Lebens schmerzen mich metaphysisch, wenn ich sie verlassen muß und mit der gesammelten Sensibilität meiner Nerven daran denke, daß ich sie nie wiedersehen und mein nennen werde, mindestens nicht in diesem genauen und ganz bestimmten Augenblick. In meiner Seele tut sich ein Abgrund auf, und ein kühler Hauch der Stunde Gottes streift über mein blasses Gesicht. Die Zeit! Die Vergangenheit! Das, was ich war und nie wieder sein werde! Das, was ich besaß und nie wieder besitzen werde! Die Toten! Die Verstorbenen, die mich in meiner Kindheit geliebt haben. Wenn ich an sie denke, verreist meine ganze Seele, und ich fühle mich aus den Herzen verbannt, einsam in der Nacht meiner selbst, wie ein Bettler weinend über das geschlossene Schweigen aller Türen.«[31]

Schließlich jedoch wird die Trauersituation oftmals durch eine libidinöse Überbesetzung eines neuen oder vormals mit weniger oder überhaupt keiner Bedeutung bedachten Ersatzobjektes verlassen, wie wenn eine alte Witwe etwa den Tod ihres Mannes überkompensiert, indem sie ihrem Schoßhündchen »übertriebene« Zuneigung entgegenbringt, oder wie wenn derjenige, der einen politischen oder religiösen Glauben verloren hat, sich mit Übereifer einem anderen in die Arme wirft und sich entschieden gegen den vorrangehenden kehrt, und zwar mit jenem Überschuss an Beflissenheit, der das unumstößliche Zeichen des Kampfes ist, den er gegen seine eigene Vergangenheit geführt hat und weiter führen wird.

Jede Person wirtschaftet mit einer bestimmten Libidoquantität: In finanzwirtschaftlichen Begriffen ausgedrückt, verhält es sich so, als ob sie ein Portfolio an Investitionen verwaltete (in Spareinlagen, Aktien und Immobilien ausdifferenziert), das ihr Sicherheiten gibt und dessen Zusammensetzung sich nur geringfügig verändert, jedenfalls so lange, wie die Geschäfte gut laufen. Außerhalb dieser Metapher spiegelt die Gesamtheit der libidinösen Besetzungen die Koordinaten der Beziehungen eines jeden Menschen zur Welt wider, die intentionale Verknüpfung der Untrennbarkeit zwischen ihm und den Dingen. Diese Bindungen gehen der Formierung eines kritischen Bewusstseins vorauf, so wie es stets in der anfänglichen Beziehung des Kleinkindes zur Mutter geschieht oder auch bei schon größeren Kindern, die eine Decke oder Puppe lieb gewinnen. Die Affekte kommen den Begriffen zuvor, um sich sodann untrennbar mit ihnen zu verflechten.

Wenn das Band zwischen Person und Ding zerreißt – durch den Tod Ersterer oder den Verlust des Letzteren –, enthüllt unser Widerwille, das Verschwinden des von uns Geliebten zu akzeptieren, unseren ebenso unnützen wie heroischen Protest gegen die Unumkehrbarkeit der Zeit. Da wir die Dinge nicht erhalten können, wenn sie einmal verloren sind, suchen wir von Mal zu Mal Surrogate dafür, indem wir unsere affektiven und kognitiven Besetzungen verlagern. Das erklärt – zumindest teilweise – den Zuwachs oder die Abnahme von Sinn und Wert, denen die Dinge aufgrund der ununterbrochenen und häufig unbewussten Inkorporierung von Bedeutungen oder ihrer erneuten Freisetzung unterliegen: Die Objekte werden entweder in Dinge transformiert oder aber von Dingen wieder zu indifferenten Entitäten herabgestuft.

Dasselbe Phänomen affektiver und intellektueller Besetzungen tritt auf, wenn sich der Affekt durch eine Deviation auf ein transaktionales Objekt richtet, das als Vermittler dient und den entsprechenden Affekt auf andere Ziele umleitet. Es kann zum Beispiel geschehen, dass Leiden aufgrund von Ritualen und der Errichtung von Grabmalen abgeschwächt werden, die mit der Intention aufgestellt wurden, an die Verstorbenen zu erinnern, in Wirklichkeit jedoch dazu beitragen, sie in Vergessenheit geraten zu lassen:

> »Mit dem Ausdruck des Schmerzes in unterschiedlichen Formen von Totenfeiern und -kulten überwindet man die Pein, indem man sie objektiv werden lässt. Auf diese Weise beginnen wir mit der Absicht, dass die Toten nicht wirklich tot seien, sie tatsächlich in uns sterben zu lassen.«[32]

Der Verlust dessen, was man liebt, bleibt jedoch entsetzlich und schrecklich. Nicht immer gelingt es der Trauerarbeit, ihn zu kompensieren: Jeder Verlust ist wie ein vorweggenommener Schlag der Totenglocke und kündigt in gedämpfter Art und Weise den Augenblick an, da wir alles zurücklassen müssen.

Eine spezifische Art von Trauerarbeit, die auch die Dinge miteinbezieht, findet statt, wenn wir ein Inventar davon erstellen, was nach deren Tod im Haus der eigenen Eltern zurückbleibt. Dann folgen wir den Spuren ihrer abgeschlossenen Existenz sowie ihrer vergangenen affektiven Besetzungen, die sich in Objekten verkörpern, welche zwar für sie Bedeutung trugen, nicht jedoch für uns (oder zumindest noch nicht):

»Was waren mir diese Nippes jetzt noch wert? Jenes Seidentuch oder das Aquarell, das meine Eltern mir nicht geschenkt hatten, das Wörterbuch, das meine Kinder gut hätten gebrauchen können, das sie aber nicht herzugeben bereit waren, oder jener Flakon, den sie mir mit einem Lächeln hätten überlassen können und den ich nun ohne ihr Lächeln bekam?«[33]

Es existiert im Allgemeinen eine ungeheuer große Zahl von »verwaisten Objekten«, die von ihren Vorbesitzern aufgegeben wurden und die wir herausgefordert sind, aufzunehmen, zu verweigern oder auch zu ignorieren. Darin liegt eine Art von *translatio imperii* oder von Metempsychose, die dafür einsteht, dass diese von Hand zu Hand gehen und dass ihr Leben auch nach dem Tod oder der Entfernung desjenigen weitergehen kann, der sie zuvor aufbewahrt hatte. Durch Testamente, Ankäufe oder schlichte Zufallsfunde werden sie zu materiellen Kontinuitätsgliedern zwischen den Generationen, zu etwas, an dem man sich abwechselnd und reihum erfreuen kann:

»Gegenstände haben mehrere Leben. Behalten sie nach der Übergabe an ihren neuen Besitzer irgendwelche Spuren ihrer früheren Existenz zurück? Es ist nicht unwichtig, sie sich anderswo vorzustellen, in anderen Händen, für Verwendungen, die ihre bisherigen überlagern. [...] Die Dinge sind nicht sehr viel anders als Menschen oder Tiere. Auch ein Gegenstand hat eine Seele. Ich fühlte mich verpflichtet, sie vor einem allzu finsteren Schicksal zu bewahren.«[34]

Holz und Stein

Die Abgabe libidinöser Energie an die Objekte kann sich in bestimmten Fällen in Fetischismus verwandeln. Im Modus einer Art von Synekdoche (*pars pro toto*) laden sich dann ein Kleidungsstück oder eine Fotografie mit einer allumfassenden erotischen Bedeutung, mit einem Sinnüberschuss oder – wie im Falle der afrikanischen Idole, die dem Phänomen des Fetischismus seinen Namen gegeben haben[35] – mit allgemeinen kultischen und religiösen Bedeutungen auf. Die Frage nach den Gründen, warum man Objekte aus Holz und Stein anbeten kann, die schon die katholischen Missionare in Westafrika umgetrieben hatte, ist daher von der zeitgenössischen Anthropologie erneut aufgeworfen worden.

Bei den Bevölkerungen, die um den Golf von Benin herum leben, ist der Fetisch der Ort, an dem die Geister ihre Bleibe beziehen, an dem die rohe Materie zu einem Träger von Symbolen wird:

»Das Undenkbare und auch in gewisser Weise die Potenz stehen auf der Seite der rohen Trägheit, der reinen Materialität. Das Natürliche ist demnach das Leben, und das wiederum lässt denken, dass das Übernatürliche auf Seiten des Inerten, des Leblosen liege«.

Wenn – nach Pascal – »der Mensch ein denkendes Schilfrohr ist«, »was ist dann ein Schilfrohr, das nicht denkt? Das ist in jedem Falle undenkbar und für das Bewusstsein erschreckend, skandalös oder schlicht unmöglich«. Der Animismus, dem ersten Augenschein nach der diametrale Gegensatz zur rohen Materie, ist dieser größtenteils komplementär. Wenn Lévi-Strauss mit seiner Behauptung recht behält, dass vom Moment der Entstehung der Sprache an das Universum sich mit Bedeutung aufladen, sich ausdrücken und sich damit diversifizieren muss, dann genau deshalb, weil

»die Auffassungsgabe ein Minimum an Differenz und Unterscheidung braucht und es also notwendig wird, dem Objekt des Intellekts zumindest ein wenig Leben zuzuschreiben«.

Daraus folgt, dass es, wenn »das Undenkbare die reine Materie ist, die mineralische Homogenität«, vollkommen unabdingbar wird,

> »sie zu beseelen, um sie verstehen und denken zu können. Die ›Fetischisten‹, so sagte man mit Verwunderung, vergöttern ›Holz und Stein‹. Sie haben jedoch gar keine andere Wahl: Sie denken.«[36]

Der afrikanische Fetischismus beschwört das Staunen und die Bestürzung herauf, die wir angesichts des Unbelebten, der Materie empfinden sollten, aus der die Objekte zusammengesetzt sind. Diese gehören einer anderen Welt im Verhältnis zu derjenigen der Lebenden an, einer Welt für sich, einer mysteriösen und für die Einbildungskraft ebenso imposanten Welt, wie auch der Übergang des lebendigen Leibes zu einem Kadaver bestürzt; einer Welt, mit der man – innerhalb der religiösen Sphäre – mittels der Sprache des Heiligen kommunizieren kann. Vom Fetischismus lernen wir auch, dass

> »[der Mensch] in seinem Bemühen, die Welt zu verstehen, also immer über einen Überschuß an Sinn verfügt (den er auf die Dinge nach Gesetzen des symbolischen Denkens verteilt, deren Erforschung Aufgabe der Ethnologen und Linguisten ist).«[37]

Ein solcher »Bedeutungsüberschuss«, so möchte ich dem hinzufügen, verteilt sich auf die Dinge in unterschiedlicher und ungleicher Art und Weise und hinterlässt in einem jeden von ihnen ein nicht analysierbares Residuum, ein Bündel ungesättigter Bindungen und unaussprechlicher Anspielungen (nicht weil sie grundsätzlich unsagbar wären, sondern weil man mit dem Sagen nie an ein Ende kommt) auf das, was noch gedacht werden kann.

Das Gedächtnis der Dinge

Von den prähistorischen Werkzeugen aus Stein, Knochen oder Holz an über die ersten keramischen Erzeugnisse bis hin zu Maschinen oder den derzeitigen Robotern haben die Dinge gemeinsam mit unserer Spezies einen langen Weg zurückgelegt. Sich mit den Zeiten, den Orten und den Modalitäten ihrer Bearbeitung verändernd und abhängig von den unterschiedlichen Geschichten und Traditionen, werden sie stets langsam oder auch abrupt mit neuen Werten besetzt und mit neuen Sinnschichten bekleidet.

Mehr oder minder bewusst verleihen wir alle den Dingen Bedeutung, doch allein Künstler tun dies auf methodische Art und Weise sowie persönlichen Techniken und Untersuchungswegen folgend. Sie verleihen den stummen Dingen ihre eigene Stimme und bisweilen – wie es häufig auch Kindern geschieht – geben sie sogar vor, diese selbst sprechen zu lassen. Das ist bei den »Zypreßlein« Carduccis in *Vor San Guido* der Fall oder auch, wenn Cavalcanti seine Schreib- und Löschinstrumente sagen lässt:

> »Wir sind die Federn, traurig und zerschlissen, / die Scheren, Messerchen, von Leid geplagt, / die unter Schmerzen das Gedicht gewagt, / das Ihr gehört. Doch solltet Ihr es wissen – / wir sagen es –, warum wir so beflissen / zu Euch jetzt hingekommen sind. Es sagt / die Hand, die uns geführt: Im Herzen nagt / die Furcht, die seinen Frieden hat zerrissen.«[38]

Jede Generation ist von einer besonderen Landschaft an Gegenständen umgeben, die ein bestimmtes Zeitalter aufgrund ihrer eigentümlichen Patina sowie der Zeichen und des Aromas ihrer Entstehung und ihrer Modifizierungen ausmachen. Auf ihre Weise wachsen die Objekte heran oder verkümmern wie auch Pflanzen und Tiere, sie laden sich mit den Jahren oder Jahrhunderten auf und werden umsorgt, gepflegt, geschont oder aber vernachlässigt, vergessen und zerstört.

Wenn sie veraltet sind, enden sie auf den Dachböden, in Kellern, Pfandhäusern, den Geschäften der Trödelhändler und Antiquare, auf den Müllhalden. Werden sie wiedergefunden oder ausgelöst, verströmen sie einen Duft der Melancholie und ähneln welken Blumen, die unsere Aufmerksamkeit brauchen, um wieder zu vollem Leben erweckt zu werden.

Typologie und Sinn dieser Objekte wurden bereits von Walter Benjamin in Bezug auf den Odradek aus Kafkas Erzählung »Die Sorge des Hausvaters«[39] beschrieben, wo sie zur rätselhaften Allegorie des fortschreitenden Vergessens werden, dem die Vaterfigur unterliegt, die hier das Aussehen einer »flache[n] sternartige[n Zwirnspule]« annimmt, welche »sich abwechselnd auf dem Dachboden, im Treppenhaus, auf den Gängen, im Flur« aufhalten kann. Manchmal jedoch macht er sich auch monatelang unsichtbar:

> »Da ist er wohl in andere Häuser übergesiedelt; doch kehrt er dann unweigerlich wieder in unser Haus zurück. [...] Sollte er also einstmals etwa noch vor den Füßen meiner Kinder und Kindeskinder mit nachschleifendem Zwirnsfaden die Treppe hinunterkollern? Er schadet ja offenbar niemandem; aber die Vorstellung, daß er mich auch noch überleben sollte, ist mir fast eine schmerzliche.«[40]

Die Allgegenwart der Zwirnspule und ihr unregelmäßiges Wiederauftauchen spielen auf die Unverortbarkeit der Vaterfigur nach ihrem Ableben an, während der gerissene Faden sich auf dasjenige bezieht, mit dem man sich innerhalb der Erinnerung wieder verbinden könnte, um eine affektive Kontinuität herzustellen (was sich im besonderen Fall – wie der *Brief an den Vater* zeigt – äußerst schwierig gestaltet, wenn man das gespannte Verhältnis von Hermann, der seinem Sohn Franz seine Kälte, Distanziertheit und Undankbarkeit vorwirft, und Franz, der wiederum Hermann seine psychologische Gewalt sowie seine ständigen Einschüchterungsversuche vorhält, berücksichtigt).

Taxonomie und Wechselfälle dieser Art von Wesen werden detailliert von Francesco Orlando in seinem Buch *Gli oggetti desueti nelle immagini della letteratura* (dt. Die veralteten Dinge in den Bildern der Literatur), von Umberto Eco in seinem illustrierten Roman *Die geheimnisvolle Flamme der Königin Loana* sowie auf den Ebenen der Literatur, der Malerei und der Grafik mit einem Akzent auf den Resten und Ausschüssen von Peter Schwenger beschrieben. Orlando erkennt in den »Sammelsurien von Gegenständen« und von augenscheinlich »*unnützen* oder *veralteten* oder *ausgefallenen*« Dingen, die den eigenen Gebrauchswert verloren haben und zu »Antiwaren« geworden sind, eine Typologie, welche (vermittels der literarischen Zeugnisse insbesondere der letzten drei Jahrhunderte) die Beziehung der Menschen

»zu der von ihnen unterworfenen Welt an der Grenze von Kultur und Natur, im Transformationsprozess ebendieser Welt« aufklärt und nicht zuletzt auch ihre Beziehung »zur Zeit, die den Dingen ihre Spuren auferlegt: und zwar indem sie auf die Dinge die Grenzen sowohl der metageschichtlichen menschlichen Kondition als auch der historischen Dauer der Zivilisation projiziert.«[41]

Unter den unzähligen von Orlando zitierten Texten beeindruckt insbesondere ein Gedicht von Borges mit dem Titel *Las cosas*:

»Der Stock, die Geldmünzen, der Schlüsselbund, / das gehorsame Schloß, späte Notizen, / die die wenigen Tage, die mir bleiben, / nicht lesen werden, die Karten, das Schachbrett, / ein Buch, zwischen den Seiten das gepreßte / Veilchen, Erinnerung an einen Abend / so unvergeßlich und bereits vergessen, / westlich der rote Spiegel, darin flammt / ein Trug von Morgenröte. Wieviel Dinge, / Feilen, Schwellen, Atlanten, Becher, Schlüssel, / die uns als stumme Sklaven dienen, die / blind sind und dazu sonderbar verschwiegen! / Wenn wir vergessen sind, werden sie dauern / und nie wissen, daß wir gegangen sind.«[42]

Im Rahmen der lateinamerikanischen Literatur verbleibend, möchte ich dem an dieser Stelle die letzte Strophe des langen und äußerst detailreichen Gedichts *Oda a las cosas* von Pablo Neruda hinzufügen:

> »O unumkehrbarer / Strom / der Dinge, / keiner kann sagen, / ich hätte nur / die Fische / geliebt / oder die Gewächse des Urwalds und der Wiesen, / ich hätte / nur geliebt, / was hüpft, klettert, überlebt und seufzt. / Falsch: / Mir sagten viele Dinge / vieles. / Nicht nur sie rührten mich / oder meine Hand rührte sie an, / sondern so dicht / liefen sie / neben meinem Dasein her, / daß sie mit mir da waren / und so sehr da für mich waren / daß sie ein halbes Leben mit mir lebten / und dereinst auch einen halben Tod / mit mir sterben.«[43]

Im Buch Umberto Ecos hingegen verweisen die alten Zigarettenschachteln, die Postkarten, Briefmarken oder auch die illustrierten Heftchen nicht nur auf persönliche Kindheits- oder Jugenderinnerungen, die vom Gedächtnis aufgefrischt wurden, sondern auch auf Mythen, Erwartungen, Abenteuer und Geschehnisse, die einem Volk sowie einem ganzen Zeitalter gemein sind (der Zeit des Faschismus, des Krieges und der ersten Jahre der Italienischen Republik). Sie stellen mit einer intrinsischen Würde ausgestattete Dokumente dar, die dazu fähig sind, reiche Erinnerungstrauben sowie eine Menge von Informationen wachzurufen, welche für die Erkenntnis nicht nur der materiellen Geschichte, sondern der Geschichte *tout court* überaus nützlich sind. Allgemein gesprochen: Indem das Objekt sich nach einem langen Interregnum des Vergessens in ein Ding zurückverwandelt, manifestiert es sowohl die Spuren der natürlichen und sozialen Prozesse, die es hervorgebracht haben, als auch die Ideen, Vorurteile, Neigungen und Geschmäcker einer ganzen Generation und Gesellschaft.

Von der Selbstverständlichkeit zur Entdeckung

Um den Wert und die Bedeutung der Dinge in ihrer ganzen Komplexität erfassen und ihre einzelnen Sinnschichten entblättern zu können, ist es nun nicht mehr notwendig, allein auf die Fantasie zu vertrauen. Man hat jetzt vielmehr ihre Selbstverständlichkeit aufzubrechen und in ihnen die Fähigkeit wiederzuentdecken, einen Überschuss an Bedeutungen hervorzubringen, die weder Gewöhnung, Unkenntnis und Nachlässigkeit noch die häufig anzutreffende geistige und affektive Unterernährung der Individuen jemals gänzlich zu beseitigen vermögen.

Auf Selbstverständlichkeiten kann indes nicht wie auf Kommando und ohne jeden Kraftaufwand verzichtet werden: Vielmehr erfordert es fortgesetzte Übung, nicht nur die Umwendung der Auffassungsgabe herbeizuführen, sondern auch eine solche des Willens. Es stimmt, dass wir niemals einen unschuldigen Blick besitzen, es ist jedoch ebenso wahr, dass

> »das, was den Gegenstand schwer verständlich macht – wenn er bedeutend, wichtig, ist – nicht [ist], dass irgendeine besondere Instruktion über abstruse Dinge zu seinem Verständnis erforderlich wäre, sondern der Gegensatz zwischen dem Verstehen des Gegenstandes und dem, was die meisten Menschen sehen *wollen*. Dadurch kann gerade das Naheliegendste am allerschwersten verständlich werden. *Nicht eine Schwierigkeit des Verstandes, sondern des Willens ist zu überwinden.*«

Und überdies trifft ebenso zu, dass

> »die philosophisch wichtigsten Aspekte der Dinge der Sprache durch ihre Einfachheit und Alltäglichkeit verborgen [sind]. (Man kann es nicht bemerken, weil man es immer (offen) vor Augen hat.)«[44]

Sind sie einmal ausgebildet worden, verkörpern sich die vom Willen, der Auffassungsgabe und der Wahrnehmung absorbierten Qualitäten und erzeugen eine paradoxe, konstruierte Spontaneität, die derjenigen eines Pianisten gleicht, der nach langen und ermüdenden Etüden seine Hände ohne Kraftaufwand und ohne die Hilfe einer Partitur über die Tasten gleiten zu lassen scheint.

Selbstverständlichkeiten zu überschreiten und den Staub der Banalität und des Vergessens von den Dingen zu blasen, der ihre Natur und Geschichte verdeckt, ist nicht nur ein mögliches Unterfangen, sondern stellt die Voraussetzung einer jeden Untersuchung und Entdeckung dar. »Selbstverständlich« (*obvius*) heißt etymologisch dasjenige, dem man auf seinem Wege begegnet, oder auch diejenige Person, die zugänglich ist, umgänglich und bei der es keiner großen Anstrengung bedarf, um sich ihr anzunähern oder ihr Zutrauen zu gewinnen. Um den Bereich des Selbstverständlichen zu betreten, genügt es, einen nicht von *problemata* versperrten Weg zu wählen, indem man unbesorgt demjenigen entgegengeht, was man schon zu kennen glaubt oder was man mit Leichtigkeit wiederzuerkennen vermag.

Wer jedoch versichert uns, dass wir wirklich wissen, was wir als bekannt und evident voraussetzen? Das Wirkliche flüchtet sich nicht hinter die Vielfältigkeit des Wahrnehmbaren und beantragt auch kein Asyl in einem vorzeitlichen Reich der Ideen. Es verbirgt sich insbesondere im Rücken des Selbstverständlichen, in den inkongruenten Konglomeraten von sinnlichen, affektiven oder begrifflichen Gegebenheiten, die den mentalen Stoffwechsel blockieren oder zumindest verlangsamen. Die Befreiung vom Bekannten stellt seit geraumer Zeit das Ziel der unterschiedlichsten Theorien und Praktiken dar, die unaufhörlich nach dem Übergang von einem *obvius* zu einem *abvius* gesucht haben, von der »Routine« hin zu demjenigen, das von der »Route«, dem zumeist begangenen Weg, abführt. Indirekt fragen sie danach, wie die Konstitution unserer »Welt« vonstattengegangen und über welche Pfade und Verzweigungen sie uns sodann selbstverständlich geworden ist und dabei jegliches Staunen ihr gegenüber ausgelöscht hat. Das nicht ohne Beunruhigung auskommende Staunen, das *thaumazein*, ist – nach Platons *Theaitetos*[45] sowie der *Metaphysik* des Aristoteles[46] – am Ursprung der Philosophie selbst zu verorten, wo es eben genau die Aufgabe erfüllt, die Welt ihrer Selbstverständlichkeit zu berauben, und zwar ohne den Anspruch, sie daher auch schon vollkommen aufklären und verstehen zu können.

Um die Selbstverständlichkeit hinter sich zu lassen, ist es vonnöten, Erkundungsreisen zu unternehmen. Der Verzicht auf einen bestimmten Standortvorteil abnehmenden Wertes wird durch das nebulöse Gefühl aufgewogen, dass sich etwas im Geiste zu regen beginnt, indem es die Farben einer aus Freude, Hoffnung und Beunruhigung gemischten Empfindung annimmt. Anfangs weiß man noch nicht, wohin man zu gehen und wonach man zu suchen hat, und behilft sich mit intuitiv als vielversprechend erachteten Instrumenten: mit behelfsmäßigen mentalen Gerüsten, Metaphern, kombinatorischen Spielen aus Bildern und Begriffen, einer Suche nach Symmetrie und formaler Eleganz, mit Perspektivenänderungen.

Obwohl die Wegstrecke ursprünglich fragilen Hypothesen anvertraut wurde, ist man schließlich erstaunt darüber – wenn die Untersuchung denn von Erfolg gekrönt ist –, mit Geschick oder Glück schließlich denjenigen Punkt erreicht zu haben, an dem man sich jetzt tatsächlich befindet. Zurückblickend erscheint der zurückgelegte Weg dann als der einzig gangbare, als »Königsweg«, der demjenigen gleicht, den Euklid in den *Elementen* angegeben hat als ein immer schon da gewesenes Resultat, das nur ausdrücklich gemacht werden musste, insofern – wie es Mozart bezüglich der Musik ausdrückte – »alles bereits komponiert [ist], nur noch nicht niedergeschrieben.« Von dem Moment an, da das Resultat erreicht worden ist, scheint es in seiner Darlegung so, als ob sich die »Sache selbst« gemäß Gesetzen der inneren Notwendigkeit enthüllt hätte.

Wenngleich sie sich plötzlich manifestieren mögen, entspringen die Geistesblitze, auf die man auf diesem Wege stößt, in Wirklichkeit einer andauernden, untergründigen Tätigkeit. Dem zündenden Funken der Entdeckung – nicht nur beim Wissenschaftler oder Künstler, sondern bei jedem von uns (was die Lösung einiger unserer alltäglichen Probleme betrifft) – geht eine lange Phase der Vorbereitung voraus. Das beweist die Entdeckung der Benzol-Formel durch den deutschen Chemiker Friedrich August Kekulé. Nachdem er fünfzehn Jahre lang darüber nachgedacht hatte, wie sechs Kohlenstoffatome mit sechs Wasserstoffatomen zu verbinden seien, ohne die Gesetze der chemischen Wertigkeiten zu verletzen, sah er eines Tages im Traum, während er neben dem Feuer schlief, mehrere Schlangen, die sich einander in die Schwänze bissen, sodass sie einen Kreis formten. Er verstand sodann, dass die Kohlenstoffatome einen sechskantigen Ring bilden müssen, bei dem sich einfache und doppelte Bindungen abwechseln, von denen eine jede das eigene Kohlenstoffatom enthält. Vom »Für uns« zur »Sache selbst« übergehend, mündete der beschwerliche Weg auf einem panoramenreichen Aussichtsplatz: Kekulé hatte die Natur des Benzols erkannt, war endlich am Ziel seiner beschwerlichen Untersuchung angelangt.

Um etwas zu entdecken oder zu erfinden, genügt es nicht, die Natur der Phänomene zu kennen, auf die man stößt (Tausende Wissenschaftler und Studenten hatten bereits vor Golgi am Mikroskop den Golgi-Apparat gesehen, und dennoch war es keinem von ihnen gelungen, diesen vor ihm zu identifizieren.).[47] Ebenso muss man in eine nicht-intuitive Richtung voranschreiten, den Gemeinsinn umkehren und jahrtausendealte Vorurteile ausschalten können: Wie die Gebrüder Mongolfier und Wright, als sie bewiesen, dass der Mensch fliegen könne; wie der deutsche Schreiner und Kunsttischler Michael Thonet, dem es gelang – womit er ideell Kant widerlegte, der von dem unveränderlichen »Krummholz« der Menschheit sprach – Buchenholz zu biegen, indem er es mit heißem Dampf in gusseisernen Formen erwärmte; wie Thomas Edison, der die Glühlampe erfand, indem er in einer Glühbirne metallische Fäden im Vakuum verglühen ließ, anstatt – wie man bislang immer vorgegangen war – eine Flamme an der mit Sauerstoff durchsättigten Luft zu entzünden.

Intentionalität und Ding

Die Suspendierung des Urteils, der kartesianische Zweifel, die husserlsche Phänomenologie – sie alle stellen Formen eines Verzichts auf Selbstverständlichkeiten dar. Um uns nur auf das 20. Jahrhundert zu beschränken, wird bei Husserl eine solche Aufgabe zuerst der *epoché* anvertraut, der Einklammerung der natürlichen Einstellung, die nicht das Objekt als solches modifiziert, sondern unsere Art und Weise, es zu betrachten, und die dazu einlädt, das Staunen und die Unschuld des Blickes wiederzugewinnen (oder im religiösen Sprachgebrauch: nicht so zu sein wie die Kinder, sondern erneut so zu werden).

Das Bewusstsein ist stets Bewusstsein von etwas: Es gibt nicht auf der einen Seite das Bewusstsein und auf der anderen das Ding, auf der einen das Subjekt und auf der anderen das Objekt. Gegeben ist vielmehr stets ein »intentionaler« Bezug – bipolar, untrennbar und konstitutiv –, der ihrer Entzweiung vorhergeht: Wir sind nicht von der Welt losgelöst, und es gibt kein Subjekt, das sich im Nachhinein einem Objekt hinzufügte. Im Gegenteil liegt der Sinn der Intentionalität gerade in der wechselseitigen Zusammengehörigkeit von Bewusstsein und Gegenstand.

In seiner Intentionalitätstheorie geht Husserl gewissermaßen so vor wie die Römer während des Ersten Punischen Krieges: In Seeschlachten unerfahren dockten sie mit Rammsporen an die karthagischen Schiffe an, um so mit den ihnen vertrauten Infanterietechniken kämpfen zu können. In analoger Art und Weise verlegt Husserl das Objekt in das Bewusstseinsfeld und das Bewusstsein in das Objektfeld und schafft damit einen gemeinsamen Interaktions- und Untersuchungsraum.

Das erlaubt es ihm, sich der Tendenz der modernen Naturwissenschaften entgegenzustellen, die von der Subjektivität abstrahieren.[48] Mit einem Ausdruck Merleau-Pontys praktizieren diese zugleich ein »Überblicksdenken«[49] über das Objekt, indem sie sich über die singulären Verschiedenheiten erheben und sich auf eine homogene Allgemeinheit richten. Mit dem Anspruch, ihr Modell auf alle Formen des Wissens und Bewusstseins auszuweiten, haben diese Wissenschaften die Aktivität des Subjekts ausgemerzt, indem sie es auf Abstand als ein Objekt unter anderen betrachten, ohne dabei das dichtgewebte Netz an kognitiven und affektiven Beziehungen zu beachten, dessen Dreh- und Angelpunkt das Subjekt ist. Anstatt sich eine tolerante Offenheit gegenüber der Bedeutungspluralität von Erfahrung zu bewahren und die unterschiedlichen Sinnebenen der Wirklichkeit zu untersuchen, zwingen sie alles und jedes in das Prokustesbett der Eindeutigkeit.

Der Subjektivität entsagend, schreibt sich die diese Wissenschaften abstützende Logik auf die Fahnen, die Undurchsichtigkeit der unreflektierten Erfahrung zu durchkreuzen, ohne sich dabei jedoch über den nicht auf ein Objekt zu reduzierenden Charakter der Subjektivität selbst bewusst zu werden und ohne anzuerkennen – wie es Husserl in den *Cartesianischen Meditationen* ausführen wird –, dass das Ego sich jeglicher Objektivierung entzieht, insofern es dazu imstande ist, diese zu transzendieren.[50] In der Bemühung, ein anderes Leben als das vom Blick der Medusa erstarrte der objektivierenden Wissenschaften aufzufinden, welche die Polysemien und Qualitäten in ihm ausgelöscht haben, unterscheidet Husserl zwei Welten: eine, die aus der Tilgung des Subjekts aus dem Objekt entsteht und mithilfe der Kausalitätskategorie operiert, und eine andere, die in »einem Horizont von Gegenständen, die keine bloßen Körper, sondern Wertdinge sind«, begriffen wird. Letztere führt nicht nur das Subjekt wieder ein, sondern gewöhnt es auch daran, auf der Grundlage der Kategorie der Motivation »zu denken, zu werten, zu wünschen und zu handeln«, sodass die Sache selbst »in der ersten Person« sprechen kann.

Für einige unter seinen Kritikern ist das phänomenologische Programm Husserls insofern gescheitert, als auch er sich schließlich dem von ihm aufgedeckten Übel nicht zu entziehen vermochte und die Dinge ebenso erstarren ließ, indem er gerade die eigentlich zu rettende Subjektivität überging:

> »Gleich dem Photographen älteren Stils verhüllt sich der Phänomenologe mit dem schwarzen Tuch seiner *epoché*, beschwört die Objekte,

sie mögen unverändert innehalten, und bringt schließlich passiv, ohne Spontaneität des erkennenden Subjekts Familienbilder zustande von der Art jener Mutter, ›die liebend auf ihre Kinderschar blickt‹.«[51]

Wenngleich unter Anlegung einer anderen Perspektive beschuldigt auch Bachelard die husserlsche Phänomenologie, noch dem Naturalismus verhaftet zu bleiben, insofern sie voraussetze, dass sich die Gegenstände unserem Blick in passiver und argloser Weise darböten, als ob das Erkenntnissubjekt keinerlei Rolle in diesem Prozess spielte. Der Phänomenologie stellt er eine »Phänomenotechnik« diametral gegenüber, mit der die Wissenschaft – das durch den Beitrag unzähliger Individuen organisierte menschliche Wissen – den von ihr untersuchten Gegenstand konstruiert, indem sie vom Rationalen zum Wirklichen fortschreitet. In diesem Sinne stellt zum Beispiel das Elektron nichts anderes dar als ein »reifiziertes Theorem«.[52]

Insbesondere in der Spätphase seines Denkens erliegt Husserl der von Adorno angemahnten Gefahr jedoch nicht. Unter Ablehnung der Theorie des Geistes als einem Spiegel, der die äußere Wirklichkeit reflektiert – die *adaequatio rei ad intellectum* –, setzt er zwar mithilfe des Intentionalitätstheorems eine unauflösbare Verbindung von Bewusstsein und Gegenstand ein, weist jedoch die Passivität des Bewusstseins und des Ich gegenüber der sogenannten »äußeren Welt« zurück. Das Ich ist nicht auf ein träges Objekt zu reduzieren: Indem es sich von Mal zu Mal »den Sachen selbst« zuwendet, erweist es sich als reine Energie, die jene transzendiert. Die Transzendenz des Ich könnte man mit den Worten umschreiben, die Klee auf seinem Grabstein eingraviert haben wollte: »Diesseitig bin ich gar nicht faßbar.«[53]

Das Projekt Husserls ist daher ambitionierter, als seine Kritiker denken. Damit die Sache selbst sich ausdrücken kann, ist es vonnöten, dass man sich von Welt durchdringen lässt und die Urteile aussetzt (da die Sachen sich nicht nur vor jeglichem Urteil geben, sondern auch auf vorkategoriale und vorthematische Art und Weise). Dank der geforderten, fortgesetzten Anstrengung, sich von eingespielten Gewohnheiten loszusagen, wird deutlich, dass die Objekte nicht autonom für sich – durch ihre eigene Natur – existieren, sondern Knotenpunkte des eng gewebten Koordinatennetzes darstellen, das seinerseits nicht vom Bewusstsein abtrennbar ist (insofern »eine absolute Realität genau so viel gilt wie ein rundes Viereck«[54]).

Die Wahrnehmung, insbesondere die visuelle, ist »ein kontinuierlicher Prozeß«, der unerschöpflich bleibt, da wir – im Unterschied zum Gott Leibnizens, der den Gegenstand zugleich von allen Seiten ansieht – das Objekt jeweils »im kontinuierlichen Wandel des Sehens« nur von einer Seite aus wahrnehmen.[55] Da der Gegenstand uns nie in seiner Gesamtheit gegeben ist, verweist jegliche Wahrnehmung unausweichlich auf Erinnerung und Imagination, die ihn vorgezeichneten Linien folgend vervollständigen und derart seine Wiedererkennung gewährleisten.[56] Auch bei Leopardi gleicht – nebenbei bemerkt – die Imagination die Grenzen der Wahrnehmung aus, indem sie das »vortäuscht« (das heißt simuliert), was jenseits dieser zu liegen kommt:

> »Dann arbeitet anstatt des Sehens die Imagination, und das Phantastische löst das Wirkliche ab. Die Seele imaginiert dasjenige, was sie nicht sieht, was dieser Baum, diese Hecke, dieser Turm ihr verbirgt, und irrt in einem imaginären Raum umher und stellt sich Dinge vor, die sie sich nicht vorstellen könnte, wenn ihr Sehsinn sich auf alles erstreckte, da dann das Wirkliche das Imaginäre ausschlösse.«[57]

Da nach Husserl

> »jedes Ich sich als Mittelpunkt, sozusagen als Nullpunkt des Koordinatensystems vor[findet], von dem aus es alle Dinge der Welt, die schon erkannten oder nicht erkannten, betrachtet und ordnet und erkennt«,

folgt daraus, dass »jeder um sich dieselbe Welt [hat], und evtl. sehen mehrere dasselbe Ding, dasselbe Stück Welt; aber jeder hat seine Dingerscheinung, für jeden erscheint *dasselbe* Ding je nach der verschiedenen Stellung im Raum in anderer Weise.«[58]

Mit einem einzigen Seitenblick erfasse ich zugleich und von meinem Standpunkt aus die »Veranda«, den »Garten« und die »Kinder in der Laube«, ohne damit natürlich weder die anderen möglichen Perspektiven noch die weitere Umgebung erschöpfen zu können. Jedes Mal, wenn »Strahlen des aufhellenden Blickes der Aufmerksamkeit« sich auf etwas richten und es in den Vordergrund rücken, ist das derart Fokussierte notwendigerweise von einem Hof der Unklarheit umgeben, von einem »leeren Nebel der dunklen Unbestimmtheit«. Meine Erkundung der »vorhandenen« (das heißt schlicht gegenwärtigen) Dinge kann sich in alle Ecken des Raumes erstrecken, ohne dass es dabei eine bevorzugte Richtung gäbe, während sie sich auf der Zeitachse nur beidseitig in Richtung von Vergangenheit und Zukunft verschieben kann:

> »Ich kann meinen Standpunkt in Raum und Zeit wechseln, die Blicke dahin und dorthin, zeitlich vorwärts oder rückwärts richten, ich kann mir immer neue, mehr oder minder klare Wahr-

nehmungen und Vergegenwärtigungen verschaffen, oder auch mehr und minder klare Bilder, in denen ich mir das in den festen Formen räumlicher und zeitlicher Welt Mögliche und Vermutliche veranschauliche«.[59]

Die Dinge werden von den Strahlen meiner Aufmerksamkeit besetzt, die diese nicht nur mit den leiblichen Augen sieht, sondern sie – dank der Sprache – auch mit den Augen des Geistes versteht, insofern »der Akt des Sehens ein Amalgam aus Bildern und Sprache ist.«[60]

Denn die Welt ist, wie Husserl selbst es ausdrückt,

»immerfort für mich ›vorhanden‹, und ich selbst bin ihr Mitglied. Dabei ist diese Welt für mich nicht da als eine bloße *Sachenwelt*, sondern in derselben Unmittelbarkeit als *Wertewelt, Güterwelt, praktische Welt*. Ohne weiteres finde ich die Dinge vor mir ausgestattet, wie mit Sachbeschaffenheiten, so mit Wertcharakteren, als schön und häßlich, als gefällig und mißfällig, als angenehm und unangenehm u. dgl. Unmittelbar stehen Dinge als Gebrauchsobjekte da, der ›Tisch‹ mit seinen ›Büchern‹, das ›Trinkglas‹, die ›Vase‹, das ›Klavier‹ usw. Auch diese Wertcharaktere und praktischen Charaktere gehören konstitutiv zu den ›vorhandenen‹ Dingen als solchen, ob ich mich ihnen und den Objekten überhaupt zuwende oder nicht.«[61]

Das aktive Element dabei bin stets ich, der die Dinge sieht und befragt, jedoch sind sie es, die – im Sinne der *Topik* des Aristoteles – mir den Weg weisen, um sie zum »Sprechen« zu bringen.

In Form eines Kruges

Das frühe 20. Jahrhundert hat die ersten bewussten Versuche hervorgebracht, die unter der trägen Anonymität der Objekte verborgene Bedeutung der Dinge wiederzuentdecken. In eine andere Richtung als Husserl vorstoßend, begründet Georg Simmel 1911 eine Tradition, die sich 1918 mit Ernst Bloch fortschreibt und 1958 mit Martin Heidegger ihren Kulminationspunkt erreicht. Obwohl diese Autoren von unterschiedlichen Voraussetzungen ausgehen und letztlich auch zu unterschiedlichen Schlüssen gelangen, betrachten alle drei gewöhnliche Artefakte wie eine Schale, eine Vase oder einen Krug als Kreuzungspunkte von Beziehungen, die das Ding weder auf seine notwendige materiale Trägerschicht noch auf den kargen Begriff reduziert, der es bezeichnet.

Das Hauptaugenmerk Simmels ist auf der einen Seite auf die Unterscheidung von physischem und symbolischem Raum der Dinge und auf der anderen Seite auf die Durchdringung von Innerhalb und Außerhalb, von Symbol und Materie gerichtet. Ersterer Aspekt bezieht sich auf die Tatsache, dass Henkel und Vase im realen Raum unzählige mögliche Verbindungen zu demjenigen unterhalten, was sie umgibt, während sie, sobald sie gemalt werden, in einen geschlossenen und selbstreferenziellen Raum eintreten, der in einer einzigen ästhetischen Anschauung verdichtet wurde. Letzterer Aspekt hingegen stellt den wechselseitigen Zusammenhang des geistigen und des physischen Elements in der Beziehung des Menschen zu den Dingen heraus:

> »Die flache Schale ist nichts als die Verlängerung oder Steigerung der schöpfenden, tragenden Hand. Indem sie aber nun nicht einfach in die Hand genommen, sondern am Henkel gefasst wird, entsteht eine vermittelnde Brücke, eine schmiegsame Verbindung zu ihr, die wie mit anschaulicher Kontinuität den seelischen Impuls in sie, in die Handhabung mit ihr überleitet und sie nun in der Rückströmung dieser Kraft wieder in den Lebensumfang der Seele einbezieht.«

Der Henkel verbindet das Subjekt mit dem Gefäß und dient als weiteres Mittelglied hin zu seinem Schnabel, der im Akt des Ausgießens der Vase seinerseits eine vermittelnde Rolle zwischen Gefäß und Welt einnimmt. Indem man den Henkel ergreift, wird er zu einer Brücke, »über die ein ganz anderes Leben in jenes erste einfließt« (das Anorganische legt sich also über das Organische wie ein anderes Leben, das zum animalischen Leben hinzutritt). Die beiden »Reiche« durchdringen sich, so Simmel, da unsere Seele »ihre Heimat in zwei Welten hat«: in derjenigen der Innerlichkeit, die sich auch auf den Eigenleib ausweitet, sowie in derjenigen der äußerlichen Dinge. Die Seele selbst erreicht ihre Vollendung, wenn sie – nicht trotz, sondern gerade vermittels der Formen, welche die Dinge ihr auferlegen – gleichsam zu einem »Arm« wird, »den die eine Welt ausstreckt – mag es die reale, mag es die ideale sein – um die andere zu ergreifen und an sich zu schließen«.[62] Die Greifnatur der Seele im sich anpassenden Erfassen der Welt und die Welt in ihrem die Seele durch die Sinne formenden in sie Zurückfließen haben ihr Symbol im Henkel der Vase.

In den fränkischen Krügen, auf denen ein bärtiger Mann abgebildet ist, entdeckt Bloch die Zeichen der Geschichte und der Volkstraditionen wieder. Seine Leidenschaft für das Sammeln von *Bartmannkrügen*[63] führt ihn dahin, dem Fortbestehen verschiedener charakteristischer Elemente in ihnen nachzuspüren: Er findet darin die Form der römischen, von den Legionären genutzten Krüge wieder, »zuerst soldatenhaft und dann nordisch vergröbert«, die Erinnerung an alte Wirtshausschilder, die in Deutschland oftmals einen bärtigen Wilden abbildeten (das vergessene Bild des Heiligen Onophrios, eines Eremiten, der sich über Jahrzehnte hinweg Bart- und Kopfbehaarung wachsen ließ), sowie auch die Verbindung mit dem Tod aufgrund ihrer Verwendung als Grabbeigaben.[64]

Heidegger modifiziert seinerseits die husserlschen Analysen zur Lebenswelt, und zwar insbesondere dank der in seinen Reflexionen zur Arbeit des Handwerkers und des Künstlers erzielten Ergebnisse. Indem er sich eines philosophisch-poetischen »andenkenden Denkens« bedient, entbindet er die Philosophie weit radikaler noch als Husserl von der schematischen Gegenüberstellung von Subjekt und Objekt (die für das »Zeitalter der Weltbilder« und dessen »Metaphysik« so charakteristisch ist), sodass auch das, was selbstverständlich, alltäglich und stets »vorhanden« ist, anfangen darf, sich andersartig auszudrücken.

Die späten Analysen hierzu (die erste Version des Aufsatzes *Das Ding* stammt aus dem Jahr 1951) sind die bekanntesten. Darin stellt sich der Krug physisch als ein Gefäß mit einem Boden, einer Wandung und einem Henkel dar. Für das technisch-wissenschaftliche Denken mit seinem Anspruch, die Dinge vor und besser als in jeder anderen Erfahrungsform zu erfassen, ist der Krug das Ergebnis der Arbeit eines Töpfers, und seine Leere ist mit einem Luftgemisch angefüllt. Eine solche Einstellung – die bis auf Platon zurückverfolgt wird, der die Hervorbringung der Dinge auf der Grundlage einer Idee privilegiert – verunmöglicht jedoch ein angemessenes Verstehen der Dinge.

Denn es verhindert nicht nur zu sehen, dass die Leere des Kruges ein potenzielles Fassen dessen bedeutet, was hernach in einer Geste der Gastfreundschaft auszuschenken oder den Göttern als Opfer darzubieten ist, sondern auch der in diesem Akt liegenden, weiterführenden Spur von Verbindungen im Inneren der Natur nachzugehen:

> »Im Wasser des Geschenkes weilt die Quelle. In der Quelle weilt das Gestein, in ihm der dunkle Schlummer der Erde, die Regen und Tau des Himmels empfängt. Im Wasser der Quelle weilt die Hochzeit von Himmel und Erde. Sie weilt im Wein, den die Frucht des Rebstocks gibt, in der das Nährende der Erde und die Sonne des Himmels einander zugetraut sind.«[65]

Sich mit einer nicht auf rein technische oder logische Aspekte zu reduzierenden symbolischen Patina bedeckend, gehen in die Dinge demnach sowohl naturhafte als auch soziale (die Gastfreundschaft) oder religiöse (das Trankopfer) Beziehungen ein.

Wenn man einmal von der einigermaßen krampfhaften Stilisierung des *Gevierts* (aus Himmel und Erde, Göttlichem und Sterblichem), dem oftmals irritierenden Jargon (»Das Ding dingt« und ähnliche Ausdrücke) sowie dem gezwungenen Versuch absieht, die »Wahrheit« des Dings aufzufinden, ist der Beobachtung dennoch zuzustimmen, der zufolge

> »es für Heidegger kein isoliertes Mittel gibt, z. B. einen Krug: Als Gegenstand, der den Wein fassen soll, gibt es ihn nicht ohne Wein oder besser: ohne die Möglichkeit des Weines, und also ist er auch nicht unabhängig vom Weinstock und gewiss ist er auf einem Regal abgestellt und mit der grünen Wand verbunden, mit dem goldenen Spiegel, dem schwarzen Fenster«.[66]

Indem es das zerrissene Bindegewebe zwischen dem einzelnen Ding und der Welt in ihrer Gesamtheit vernarben lässt, öffnet das »andenkende Denken« einen Spalt in Richtung der Überschreitung jener »Seinsvergessenheit«, zu der die Metaphysik des »Zeitalters des Weltbildes« die Menschen bislang verurteilt zu haben schien, insofern sie die Zugehörigkeit eines jeden Seienden zum sinnhaften Gesamthorizont vergessen ließ, in dessen Einfügung es lebt.

Heideggers Kritik der Phänomenologie kommt auf die Anschuldigung zurück, die man noch häufiger hören wird, nämlich dass diese trotz all ihrer Bemühungen fortfahre, die Subjekt-Objekt-Spaltung aufrechtzuerhalten, da sie das Ding als »schlichte Präsenz«, als Vorhandenheit behandle (dieser Ausdruck entspricht dem aristotelischen *ta prokeira*, welcher in der *Metaphysik*[67] die ersten Sachen bezeichnet, die sich demjenigen als »griffbereit« zeigen, der die Welt mit Verwunderung und Staunen betrachtet).

Heidegger hingegen behandelt das Ding als dasjenige, was auf mich hin ausgerichtet ist, was sich mir als Menschen (oder aber – in seiner Terminologie: als »Dasein«) zuwendet (»Zuhandensein«). Der Mensch muss für die Dinge »Sorge tragen«, muss sie »besorgen«, ohne sich darauf zu beschränken, in rein theoretischer Weise auf sie hinzusehen. Er muss insbesondere ihre »Verwendbarkeit« berücksichtigen, ihr »Zeugsein« im Hinblick auf einen bestimmten Zweck, ihr sich für uns »Öffnen« in einem primären praktisch-poietischen Modus, der sich nicht mit ihrer schlichten Anwesenheit zufriedengibt. In der menschlichen

Umwelt verhält es sich so: »Hammer, Zange, Nagel verweisen an ihnen selbst auf – sie bestehen aus – Stahl, Eisen, Erz, Gestein, Holz.« Die Natur gewinnt für den Menschen nur Sinn, indem er sich absichtsvoll an sie wendet: »Der Wald ist Forst, der Berg Steinbruch, der Fluß Wasserkraft, der Wind ist Wind ›in den Segeln‹.«[68] Der Gegenstand existiert demnach nicht für sich und unabhängig von seiner Verwendbarkeit:

> »Der Gegenstand ist in einem sinnlichen Eindruck nicht gegeben. Die Gegenständlichkeit des Gegenstandes kann nicht sinnlich wahrgenommen werden. Zusammengefasst: Die Tatsache, dass der Gegenstand Gegenstand ist, geht nicht aus einer sinnlichen Anschauung hervor.«[69]

Sie ergibt sich vielmehr aus seinem möglichen Gebrauch.

In einem weitgehend autobiographischen Text – *Der Feldweg* – erinnert sich Heidegger daran, wie er als kleiner Junge der Eiche Sinn und Funktion gab, die sein Vater im Wald geschlagen hatte:

> »Aus der Eichenrinde aber schnitten die Buben ihre Schiffe, die mit Ruderbank und Steuer ausgerüstet im Mettenbach oder im Schulbrunnen schwammen. [...] Indessen begannen

> Härte und Geruch des Eichenholzes vernehmlicher von der Langsamkeit und Stete zu sprechen, mit denen der Baum wächst. Die Eiche selber sprach, daß in solchem Wachstum allein gegründet wird, was dauert und fruchtet: daß wachsen heißt: der Weite des Himmels sich öffnen und zugleich in das Dunkel der Erde wurzeln; daß alles Gediegene nur gedeiht, wenn der Mensch gleich recht beides ist: bereit dem Anspruch des höchsten Himmels und aufgehoben im Schutz der tragenden Erde.«[70]

Wie auch das Kunstwerk[71] – wenn auch mit weniger Durchschlagskraft und mit nicht ganz so weitreichenden Implikationen – entfesseln die Dinge in demjenigen, der sie gebraucht oder über sie nachsinnt, eine Aufeinanderfolge von Verweisungen, die aus ihnen wie aus einem einzigen, nicht versiegenden Brunnen an Sinngebung hervorquellen. Die von den Dingen ausgehenden Verweisungszusammenhänge bilden gleichwohl keine gerade Linie wie Lichtstrahlen oder eine Verkettung von Evidenzen wie beim Beweis eines Theorems, sondern folgen vielmehr dem Modell des Klangtempos in der Musik, bei der man es im thematischen Kern sowie in den darauf aufbauenden Variationen nicht mit einer schlichten Aufeinanderfolge von punktuellen Augenblicken zu tun hat, die sich wechselseitig aufheben und zerstören, sondern mit einem Nachklingen, einem Oszillieren, einem sich Ausdehnen und Zusammenziehen,[72] mit einem Umherschweifen, das sowohl den Fantasierenden als auch die fantasierte Sache sinnhaft bereichert.

Im Unterschied zum Ding ist das Objekt frei von jeglicher Aura, frei auch von der dazugehörigen Wahrnehmung, in einer einzigartigen Form der Ferne zu erscheinen, so nah es uns auch sein mag:

> »An einem Sommernachmittag ruhend einem Gebirgszug am Horizont oder einem Zweig folgen, der seinen Schatten auf den Ruhenden wirft – das heißt die Aura dieser Berge, dieses Zweiges atmen.«[73]

Auch für Heidegger »nähert Nähe« – wenn sie authentisch, eigentlich ist – »das Ferne und zwar als das Ferne. Nähe wahrt die Ferne.« In unserem Zeitalter jedoch lässt uns die tendenziell vollständige Beseitigung aller Distanzen in Zeit und Raum keine rechte Ferne zu den Dingen mehr aufrechterhalten:

> »Wohin der Mensch vormals wochen- und monatelang unterwegs war, dahin gelangt er jetzt durch die Flugmaschine über Nacht. Wovon der Mensch früher erst nach Jahren oder

überhaupt nie eine Kenntnis bekam, das erfährt er heute durch den Rundfunk stündlich im Nu. [...] Allein das hastige Beseitigen aller Entfernungen bringt keine Nähe; denn Nähe besteht nicht im geringen Maß der Entfernung. Was streckenmäßig in der geringsten Entfernung zu uns steht, durch das Bild im Film, durch den Ton im Funk, kann uns fern bleiben. Was streckenmäßig unübersehbar weit entfernt ist, kann uns nahe sein. Kleine Entfernung ist nicht schon Nähe.«[74]

Mit der Aufhebung der großen Entfernungen (und – so ließe sich jetzt hinzufügen – mit dem dichten Netz an Verbindungen, das von Satellitentelefonen und dem Internet aufgebaut wird und das den Ort gleichgültig macht, von dem aus eine Nachricht ausgesandt oder an dem sie empfangen wird) rückt uns alles gleich und auf chaotische Weise nah und bleibt dabei gleichzeitig fern, da die uneigentliche, verfälschte Nähe keine Ordnung der Dinge mehr herzustellen vermag.

Nicht ohne Emphase gelangt Heidegger schließlich an den Punkt, die gegenseitige Durchmischung von allem und jedem in der Abwesenheit von Ferne gar mit der Explosion einer Atombombe zu vergleichen, die jegliches Ding pulverisiert und zusammenschmelzen lässt, wobei der Wissenschaft die Schuld an dieser vernichtenden Zerstrahlung (oder an der Verhüllung der »Dingheit des Dinges«) untergeschoben wird: »Ist das Zusammenrücken in das Abstandlose nicht noch unheimlicher als ein Auseinanderplatzen von allem?«[75]

Weitaus nüchterner sieht Walter Benjamin in der Auslöschung des *hic et nunc* des Kunstwerkes das Verschwinden seiner Authentizität, seiner Echtheit:

> »Die Echtheit einer Sache ist der Inbegriff alles von Ursprung her an ihr Tradierbaren, von ihrer materiellen Dauer bis zu ihrer geschichtlichen Zeugenschaft. Da die letztere auf die erstere fundiert ist, so gerät in der Reproduktion, wo die erste sich dem Menschen entzogen hat, auch die letztere: die geschichtliche Zeugenschaft ins Wanken. Freilich nur diese; was aber dergestalt ins Wanken gerät, das ist die Autorität der Sache.«[76]

Innerhalb der hier eingenommenen Perspektive ist die Aura hingegen die Wahrnehmung der Unfasslichkeit und des Sinnüberschusses des Dinges, das seine Inhalte entfaltet, indem es diese in steigendem Maße demjenigen zur Erscheinung bringt, der es achtet, dabei jedoch in seiner Tiefe stets unausschöpflich bleibt.

Zweites Kapitel
Sich der Welt öffnen

Lebloses entziffern

Wir sind von einer zahllosen Vielfalt von Gegenständen umgeben, die unser alltägliches Dasein ausfüllen und die darauf warten, je nach Ausrichtung unserer Interessen verstanden zu werden. Sie besitzen unterschiedliche Physiognomien, und jeder Einzelne von ihnen verlangt, gemäß einer besonderen Taxonomie im Stile Linnés, für sich genommen betrachtet zu werden:

> »In Form von technologischen Objekten, Konsumgütern, persönlichen Gebrauchsgegenständen, Einrichtungen und Ausstattungen von Häusern, Straßen und Städten oder aber im doppeldeutigen Gewand von künstlerischen Objekten oder marginalen und veralteten Präsenzen wuchern sie im Übermaß in jedem Winkel unseres Lebens. Die Gegenstände, die in immer größerem Umfang und in einem beispiellosen globalen Ausmaß produziert, getauscht und konsumiert werden, werden zu

integralen Bestandteilen der Identität von Individuen und Gemeinschaften. Sie inkorporieren Erinnerungen und Erwartungen, Gefühle und Leidenschaften, die menschlichen Leiden sowie den Wunsch nach Glück.«[77]

Vielfältig sind auch unsere Beziehungen zu den Dingen, insofern wir Teil eines eigentümlichen Geflechts von dinghaften Bezügen und Objektbesetzungen sind, die dazu beitragen, unserer Identität Konsistenz zu verleihen. Wir bilden unsere Identität vermittels der Dinge aus und verorten uns in demselben Horizont, in dem diese uns situieren. Von diesem Standpunkt aus gesehen »kann Kant – weitaus stichhaltiger als Descartes – behaupten, dass das Ich in stärkerem Maße vom Objekt abhängt als umgekehrt.«[78] Kant drückt sich folgendermaßen aus:

> »Der verlangte Beweis muß also dartun, daß wir von äußeren Dingen auch *Erfahrung* und nicht bloß *Einbildung* haben; welches wohl nicht anders wird geschehen können, als wenn man beweisen kann, daß selbst unsere *innere*, dem Cartesius unbezweifelbare, Erfahrung nur unter Voraussetzung *äußerer* Erfahrung möglich sei.«[79]

Das menschliche Individuum fällt jedoch selbstverständlich nicht mit den Gegenständen zusammen, die es umgeben oder denen es zugetan ist, und seine Identität im engeren Sinne hängt nicht von den Dingen ab (und ebenso wenig von den nicht vitalen Teilen seines Körpers): Personale Identität und Bewusstsein verschwinden nicht, auch wenn man vom ganzen Organismus einen »kleinen Finger« abtrennt.[80] Auch das husserlsche Ego entzieht sich jeglicher Objektivierung, doch gehören die Dinge ihm als zu transzendierender Horizont an, da das intentionale Bewusstsein nicht von ihnen absehen kann.

Der Verstehensprozess des Lebens der Dinge kann zunächst mit dem Verstehen eines Menschen verglichen werden, der einen Text verfasst und dabei seine Ansichten, seine Erfahrung und seine Gefühle in ihn eingehen lässt. Mit Dilthey bezeichnen wir die Subjektivität des Schreibenden als »subjektiven Geist« und den von ihm geschriebenen Text, das heißt die zeichenhafte Transposition des vom Individuum Gedachten, Imaginierten und Gefühlten auf eine materiale Unterlage, als »objektiven Geist«.

Nun ist alles, was uns umgibt und unsere menschliche Welt konstituiert, das Werk von Milliarden von Personen (toten und lebenden), die die Wirklichkeit mit den von ihnen hinterlassenen Spuren geformt haben, die ihre Arbeit sowie ihr physisches Verschwinden überdauern werden. Um diese menschengemachte Welt verstehen zu können, muss man sich demnach wie der potenzielle Leser dieses Textes zu verhalten wissen und die im Text abgelagerten Sinnelemente und Inhalte in die eigene Sprache rückübersetzen und in den eigenen geistigen Horizont einfügen.

Auf diese Weise gelangt man vom »objektiven Geist« zu einem neuen »subjektiven Geist« des Interpretierenden. Dieser subjektive Geist wird intersubjektiv, wenn derjenige, der ein bestimmtes Dokument zuerst aufgefunden oder entziffert hat, öffentlich zu machen beschließt, was bislang in den sinnübermittelnden Objekten in lebloser oder abgestorbener Form eingeschlossen geblieben war: auf Grabsteinen, Denkmälern, Papyri, Pergamenten, Papieren. Über lange Zeit bedeutungslos oder unverstanden gebliebene Zeichen werden damit zu einem potenziell für jedermann zugänglichen Kulturerbe der Menschheit (man denke etwa an die Entzifferung des *Steins von Rosette* durch Champollion oder der mykenischen *Linearschrift B* durch Ventris und Chadwick).

Der Übergang vom objektiven Geist zum wiederhergestellten subjektiven (oder intersubjektiven) Geist restituiert und transformiert, was andere Menschen darin hinterlegt haben. Potenziell sind wir dazu in der Lage, alle Produkte des menschlichen Geistes zu erkennen, wenn nach Vico gilt: *verum ipsum factum*,

»daß diese politische Welt sicherlich von den Menschen gemacht worden ist; deswegen können (denn sie müssen) ihre Prinzipien innerhalb der Modifikationen unseres eigenen menschlichen Geistes gefunden werden.«[81]

In den Materialien, die uns die Spuren menschlichen Denkens zugänglich werden lassen, bleibt jedoch etwas bestehen, das nicht von unserer Spezies hervorgebracht worden ist, auch wenn wir es vielgestaltig bearbeitet haben: Stein, Ton, Metall, Papyrusfasern, Holz, allesamt Elemente, die auf den Hintergrund aus Natur und Materie verweisen, den wir – ebenso wie unseren Leib – nicht »gemacht« haben.

Der »objektive Geist« bildet nicht notwendig einen einzigen verborgenen Text, der *ab aeterno* darauf wartet, entdeckt und interpretiert zu werden. Er stellt ebenso ein immerfort ausgeschabtes und neu überschriebenes Palimpsest dar, auf dem die alten Texte – sie noch hindurchscheinen lassend – mit neuen Texten überlagert werden. In anderer Hinsicht kann er der Kategorie »sozialer Objekte« angenähert werden, die nicht nur auf papierenen oder informatischen Trägern registriert werden, sondern auch im Gedächtnis von wenigstens zwei Personen, wie das bei Versprechen oder mündlichen Verträgen der Fall ist.

Von diesen sozialen Objekten und ihrer stillschweigenden und weitverzweigten Einbettung in kodifizierte Regeln gibt Maurizio Ferraris ein Beispiel, wenn er gewöhnlichen Episoden des Alltagslebens nachgeht wie dem Bestellen eines Bieres:

»Searle geht in ein Café und spricht den französischen Satz aus: ›*Un demi, Munich à pression, s'il vous plait*‹. Searle weist darauf hin, dass dieser einfache Satz eine unsichtbare Ontologie gewaltigen Ausmaßes beinhalte: den sozialen Austausch zwischen Bestellendem und Kellner, ein Gitternetz aus Normen, Preisen, Tarifen, Regeln, Reisepässen und Nationalitäten, ein Universum von einer Komplexität, das Kant den Puls hätte höherschlagen lassen, wenn er sich nur die Mühe gemacht hätte, es zu überdenken. Wir befinden uns an den Antipoden des Postmodernismus. Während die Postmoderne Tische und Stühle auflöste, indem sie diese auf Interpretationen reduzierte, behauptet die soziale Ontologie Searles, dass auch Dingen wie Versprechen und Wetten, Wertpapieren und Schulden, mittelalterlichen Rittern und kalifornischen Professoren, Kathedralen und Sinfonien eine eigentümliche Wirklichkeit zukomme.«[82]

Ferraris ist darüber hinaus ein Vertreter jener Art von »neuer Ontologie«, die – in der europäischen wie anglosächsischen Welt bereits weitverbreitet – darauf abzielt, das Subjekt zu entthronen,[83] den Bereich der Interpretationen zu begrenzen oder ganz aufzuheben und dagegen die Zentralität der Objekte hervorzuheben, die in drei Klassen unterteilt werden: in die natürlichen Objekte, die »unverbesserlich« sind und existieren, ohne dass die Interpretationen sie auf einen kulturellen Faktor, auf ein Wissen reduzieren könnten, da das Sein nicht mit dem Wissen zusammenfällt; diese Objekte »existieren in Raum und Zeit unabhängig von den Subjekten«. Sodann gibt es die sozialen Objekte, »die in Raum und Zeit abhängig von den Subjekten existieren«. Und schließlich sind da die idealen Objekte, »die außerhalb von Raum und Zeit unabhängig von den Subjekten existieren«.[84] Man könnte einwenden: Schleicht sich im Falle der sozialen Objekte nicht wieder ein gewisser hermeneutischer Zirkel ein? Wie dem auch sei, für Ferraris

> »bedeutet Ontologie schlicht und einfach das Folgende: Die Welt besitzt ihre Gesetze und sorgt dafür, dass diese auch eingehalten werden. […] Es bleibt dabei, dass das, was wir wahrnehmen, unverbesserlich ist, dass man es nicht korrigieren kann: Das Sonnenlicht blen-

det, wenn denn die Sonne scheint, und der Griff der Mokkakanne ist glühend heiß, wenn wir sie auf dem Herd vergessen haben. Es gibt keinerlei Interpretation, die man diesen Tatsachen entgegensetzen könnte; die einzigen Alternativen bestünden in einer Sonnenbrille und Topflappen.«[85]

In diesem Zusammenhang ist auch an die originelle und innovative Arbeit Tristan Garcias zu erinnern, die das Problem angeht, wie sowohl die Mannigfaltigkeit als auch die Akkumulation von Dingen zu artikulieren sei, ihre unbestimmte Wucherung, von der wir zunächst betroffen sind, um sie sodann in ihrer irreduziblen Einsamkeit, Einfachheit, Armut und Blöße isolieren zu können (und zwar im Unterschied zu den Objekten, die in ein hierarchisches Beziehungsnetz eingefügt sind). Er entwirft eine »flache Ontologie«, die alles und jedes – *n'importe quoi* – als Ding behandelt und von der Frage abzusehen sucht, wie die Dinge dem Bewusstsein zugänglich werden, um sie in ein allumfassendes System zu bringen, das zum Beispiel auch Zeit, Denken, Tiere, Geschichte und Tod umspannt. Dazu ist es notwendig, so Garcia, ein Denken der Dinge auf die Probe zu stellen – und nicht etwa eines unseres Denkens der Dinge (reale, vorgestellte, inkonsistente, widersprüchliche) –, um sowohl ihrer vorgeblichen Essenz als auch ihrer Reduzierung auf Ereignisse entkommen zu können.[86]

Das Problem von Materialität, Form und Konsistenz der Dinge in den Bereichen des »objektiven« sowie des »subjektiven Geistes« hat sich zweckmäßig verkompliziert, seitdem (ein einfacher Hinweis muss hier genügen) die jüngere »analytische Ontologie« begonnen hat, sich mit der ihr eigenen Strenge und Subtilität Fragen nach der Permanenz der Gegenstände in veränderten räumlichen und zeitlichen Kontexten zu stellen. Bleibt die Amphore aus dem Antiquitätengeschäft dieselbe, nachdem sie einmal nach Hause transportiert worden ist? Ist die Amphore am Morgen dieselbe wie am Abend? Wie unterscheidet sich die Materialität des Tons von den Gesten des Töpfers, der ihm seine Form verleiht?[87] Dem ersten Anschein nach handelt es sich dabei um unbedeutende Probleme einer volkstümlichen Metaphysik. Betrachtet man sie jedoch näher, kommen gleichwohl Implikationen zum Vorschein, die für unsere Annäherung an ein genauer artikuliertes Verstehen unserer Beziehungen zu den Dingen sowie der sie bezeichnenden Sprache bedeutsam sind. Auf indirekte Weise stoßen sie ein Nachdenken über die Natur, die Geschichte sowie die Behandlungsart spezifischer Materialien – wie in diesem Falle den Ton des Töpfers – an.[88]

Umso mehr wir dazu in der Lage sind, den objektiven Geist wieder in unseren Sinnhorizont zu integrieren, desto weiter wird unsere Welt und gewinnt sie an Tiefenschichten hinzu. Wenn wir uns im Besitz der notwendigen Informationen, der Fachkompetenz sowie des angemessenen Feingefühls befinden, wird alles um uns herum tendenziell bedeutsam und interpretierbar:

> »Jeder mit Bäumen bepflanzte Platz, jedes Gemach, in dem Sitze geordnet sind, ist von Kindesbeinen ab uns verständlich, weil menschliches Zwecksetzen, Ordnen, Wertbestimmen als ein Gemeinsames jedem Platz und jedem Gegenstand im Zimmer seine Stelle angewiesen hat.«[89]

Die Anordnung der Pflanzungen in einem Park oder der Möbel in einer Wohnung oder auch die Form eines Arbeitsinstrumentes sind aufgeladen mit Geschichte und Bedeutungen, die sich rekonstruieren lassen. Und genau das unterscheidet den Menschen von den anderen Tieren:

> »Auch den ›*Welt*raum‹ [...] hat das Tier konstitutiv nicht. Ein Hund mag jahrelang in einem Garten leben und an jeder Stelle des Gartens schon häufig gewesen sein – er wird sich niemals ein Gesamtbild des Gartens und der von

> seiner Körperlage unabhängigen Anordnung der Bäume, Sträucher usw. machen können, wie klein und groß der Garten auch sei.«[90]

Die Umwandlung von Objekten in Dinge (die auch ihren Übergang zu Symbolen mit einschließt, wie es sich am Beispiel des Pfeils oder des Kreuzes zeigen lässt)[91] setzt ferner eine entwickelte Fähigkeit voraus, Erinnerungen wiederzuerwecken, Umgebungen nachzubilden, sich Geschichten erzählen zu lassen und sowohl einer »geschlossenen« Nostalgie Raum zu geben, die sich im Nachtrauern über die verlorenen Dinge in sich selbst zurückzieht, als auch eine »offene Nostalgie« zu praktizieren, die die Trauer des Verlusts in positiver Weise aufarbeiten sowie die unversöhnlichen Wunden der Existenz vernarben kann und die es uns erlaubt, wieder nach vorne zu blicken.[92] In der offenen Nostalgie unterliegen die Dinge nicht mehr dem unstillbaren Wunsch nach einer Rückkehr in die unwiederbringliche Vergangenheit, sie hängen an keinem Wunschtraum mehr, die Unumkehrbarkeit der Zeit umzustürzen und die Sequenz jener Ereignisse zu verewigen, die in aller Ewigkeit nur ein einziges Mal geschehen, sondern sind zu Gefährten einer Entdeckungsreise in eine Vergangenheit geworden, die auch eine mögliche Zukunft enthält.

Die größte Gefahr besteht darin, dass sich nicht nur die Dinge, sondern die Geschichte selbst größtenteils auf versteinerte Objektivität reduziert, auf eine Ansammlung von Daten und Objekten, die nicht durch das Bewusstsein vermittelt und ebenso wenig von einer Entzifferung und einer Kontextualisierung ihres Sinnes erhellt werden. Inwieweit werden die neuen Generationen dazu fähig sein, die von den vorhergehenden Generationen in den Dingen hinterlassenen Nachrichten zu verstehen und sie vor dem Schiffbruch des Vergessens oder dem Schicksal der Unbedeutsamkeit zu schützen und sie – unter Aufbietung der gebührenden Vermittlungen – wieder mit den eigenen Geschichten und der eigenen Empfindsamkeit zu verknüpfen?

Die »materielle Kultur« hat sich seit einigen Jahrzehnten einen eigenen Weg im Gebiet der historischen Untersuchungen gebahnt, wo sie sich inzwischen einen festen Platz und eine eigene Würde gesichert hat.[93] Sie hat aufgehört, eine Untergattung zu sein, auch weil das Verstehen des Lebens der Dinge ebenso viel Scharfblick erfordert, wie das Leben der Personen zu verstehen, und zwar sowohl auf historiographischer wie theoretischer Ebene. Die *summa diviso* des römischen Rechts zwischen *res* und *persona* büßt im Bereich der materiellen Kultur an Relevanz ein,[94] insofern die *res*, auch wenn sie von ihren Eigentümern losgelöst wird, die Spur der Bedeutungen in sich erhält und weiter übermittelt, die ihr von diesen beigelegt wurden.

Gleichwohl mag es vielen Beobachtern scheinen, als verkörperten sich Bedeutungen und Erinnerungen heutzutage immer weniger in den uns umgebenden leicht verderblichen Gegenständen, die mitunter sogar daraufhin entworfen werden, nicht allzu lange zu überdauern, und die jederzeit bequem zu ersetzen sind. Die serielle Fertigung – die wenigstens bis zu den römischen Sarkophagen zurückreicht – hat in vielen Fällen zu einer Minderung der Qualität und in der modernen Welt auch der Lebensdauer der Dinge geführt und damit eine stabilere Verortung in den Rastern des Gedächtnisses verhindert:

> »Eines der Grundcharakteristika von Objekten war früher ihre Permanenz, ihre Dauer [...]. Dann ist genau das Gegenteil eingetreten. Wir haben angefangen, unsere Gegenstände zu überleben, die vor uns sterben – und zwar nicht aufgrund eines Verderbs, wenn man einkalkuliert, dass wir sie heute wahrhaft unsterblich konzipieren könnten; sie sterben vielmehr an ihrem Veralten. Eigentlich sterben sie gar nicht: Sie funktionieren weiterhin gut, sie werden nur einfach von anderen, fortschrittlicheren Objekten überholt«.[95]

Auf diese Weise wird die Behauptung problematisch, die im vorletzten Vers des Gedichts *Las cosas* von Borges enthalten ist: »Wenn wir vergessen sind, werden sie dauern«.

Auf kosmischer Ebene hatte Augustinus dank der regelmäßigen zyklischen Bewegung der Himmelskörper in der Unordnung der wahrnehmbaren Materie eine *magna rerum constantia* ausgemacht.[96] Natürlich wusste er aber – wie auch Lukrez, jedoch in der christlichen Perspektive einer relativen Kürze und Flüchtigkeit der Schöpfung –, dass in der sublunaren, Zeugung und Verfall ausgelieferten Welt sogar noch die dauerhaftesten Dinge, die etliche Menschengenerationen überlebt haben, sich langsam aufbrauchen und verzehren:

> »Noch mehr, wenn viele Jahre der Sonne immer wiederkehren, wird der Ring, wenn man ihn immer am Finger trägt, unvermerkt dünner; der Fall des Tropfens höhlt den Stein, die gekrümmte eiserne Pflugschar nimmt im Felde unvermerkt ab, wir sehen auch, daß das steinerne Pflaster der Straße durch die Füße der Menge abgetreten wird, und neben den Toren zeigen eherne Statuen, daß ihre rechte Hand dünner wird, wenn die Vorübergehenden sie zum Grüßen immer wieder anrühren. An diesen Dingen also nehmen wir wahr, daß

sie durch Berührung abgenützt werden, aber was für Körper ihnen in jedem Augenblick entweichen, das deutlich zu sehen, hat die Natur uns neidisch verschlossen.«[97]

Mit der Entwicklung der Technologien betreten Objekte die Bühne, die von den Gegenständen, an deren Gegenwart wir uns über eine lange Zeit hinweg gewöhnt hatten, stark verschieden sind: von denjenigen Materialien, die »aus den Tiefenschichten des Steins, des Holzes, des Lehms, des Eisens«[98] stammen. Wer, der nicht gerade ein ausgewiesener Spezialist ist, ist heute schon dazu in der Lage, auf Anhieb zumindest einige der etwa sechs Millionen Produkte wiederzuerkennen, die Derivate des Erdöls darstellen und von denen keines je zuvor in der Natur existierte? Ihre Quelle, die Kohlenwasserstoffverbindungen, wie sie sich in einer Million Jahren herausgebildet haben, sind dazu bestimmt, sich in einer relativ kurzen Zeit zu erschöpfen, aber die Residuen ihrer Weiterverarbeitungen werden – ähnlich wie bestimmte Mineralien – eine viel längere Zeit überdauern, als wir es eigentlich wollen können (das ist etwa der Fall der vorletzten Generation von Plastiktüten, des ins Grundwasser einsickernden Bleis und Quecksilbers sowie anderer Elemente wie des radioaktiven Mülls aus den Kernkraftwerken).

Zum Zwecke ihrer eigenen Erhaltung, um selbst überdauern zu können, so sagt man, müsse die Konsumgesellschaft die dauerhaften und langlebigen Dinge zerstören. Dann handelt es sich nicht mehr um ein »langsames«, sondern um ein »*gewaltsames Verschwinden*« der Objekte: Die Lust an Konsum und Shopping bildet die Voraussetzung jenes Werks der Zerstörung dessen, was man sich zuvor gekauft hat.[99]

Die ausrangierten Objekte und Materialien werden jedoch nicht immer zerstört. Sie werden mitunter auch umfunktioniert und wiederverwertet: In den Industrieländern werden Fleece-Textilien aus gebrauchten Plastikflaschen gewonnen, bei einigen afrikanischen Völkern werden aus den Aluminiumbüchsen westlicher Erfrischungsgetränke Armbänder oder Spielzeuge hergestellt, und im Italien der Nachkriegszeit wurden die Schläuche der Autoreifen als Schwimmreifen verwendet.

In diesem Zusammenhang ist der Fall eines Dorfes – Bitti – im Inland von Sardinien aufschlussreich, und im Besonderen die Schafställe in seinem Umland. In diesem Dorf wurden die aus importierten Materialien erzeugten, jedoch *in loco* gefertigten lokalen Dinge im Laufe des 20. Jahrhunderts nach und nach von den »von außerhalb kommenden Dingen« – den sogenannten *cosas istranzas* – ersetzt, die bereits gebrauchsfertig waren und dementsprechend nicht mehr gemäß traditioneller Methoden und Verfahren produziert wurden:

> »In den traditionellen dörflichen Raum treten wenige von außerhalb stammende Objekte ein. Es gelangt kein Nahrungsobjekt mit Ausnahme von Salz, Konserven und Zucker dahin. Alles, was Kleidung, Aussteuer oder Werkzeuge aus Eisen, Kupfer oder Leder betrifft, gelangt im Rohzustand ins Dorf. Es kommen keine Objekte an, sondern Materialien, die der Klempner, der Schmied, der Schneider oder der Schuster erst in bearbeitete Gegenstände überführen«.

Deshalb übermitteln die *cosas istranzas* keine bestimmte Botschaft:

> »Der Prozess, in dem das Objekt einen Sinn gewinnt, geht aus der Beziehung und dem Einverständnis von Schäfer und Handwerker hervor und vollzieht sich innerhalb der dörflichen Gemeinschaft. Darüber hinaus muss das von außerhalb stammende Rohmaterial in ein Inventarverzeichnis passen, das von den Gebräuchen, Erfordernissen und Affekten der dörflichen Arbeit kulturell präfiguriert ist. Deswegen müssen die Stoffe z. B. notwendigerweise aus Cord oder Flanell sein und dann auch noch von einer spezifischen Farbe.«[100]

Heutzutage gelangen die Gegenstände jedoch schon vorgefertigt von außerhalb in das Dorf und sein Umland, da es billiger ist, sie zu kaufen, als sie bei einem Schneider, einem Schuster oder einem Töpfer in Auftrag zu geben. Sobald ihre Inhalte erschöpft sind oder sie ihre Funktion erfüllt haben, werden sie einem neuen Gebrauch zugeführt: Eine »Keksdose von Saiwa« wird mit »Nägeln, Zange, Hammer und Handsäge« gefüllt, und ein »Plastiksieb« findet völlig neue und bislang beispiellose Aufgaben.[101]

Etwas Ähnliches geschieht innerhalb der indianischen Stämme der Pazifikküste zwischen den Vereinigten Staaten und Kanada, in denen der *potlatch* – die rituelle Zeremonie, bei der ein Wettstreit des Tauschs von Prestigegeschenken ausgetragen wird, um dadurch den eigenen Rang zu behaupten und die Rivalen zu demütigen – jetzt auch den vormals undenkbaren Einsatz und Wiedergebrauch von Objekten und Körbchen aus Plastik als Behältnis der Gaben einschließt. Die Entfernung dieser Objekte von dem von Simmel, Bloch und Heidegger genauer untersuchten Krug könnte größer kaum sein.

In unserer Welt ist es unvermeidbar, dass das Panorama der Gegenstände sich rasch wandelt, dass eine »Generation« stets neuer und der jeweiligen Mode entsprechender Modelle die voraufgegangenen ersetzt und sie ins Vergessen treibt: dass leistungsfähigere Computer nur wenige Jahre zuvor produzierte schnell obsolet werden lassen oder dass Elektro- oder Mikrowellenherde den Platz der Feuerstelle einnehmen, wo noch der Holzscheit glühte und der Spieß von Hand gedreht wurde.

Wenn sich die Technologien, Bedürfnisse und Geschmäcker aber ändern, warum sollte man dann den Dingen und Techniken der Vergangenheit verhaftet bleiben? Warum sollte man snobistisch der neueren Antiquitätenmode folgen und Gegenstände zur Schau stellen – ohne sie zu verstehen und sie als reine Trophäen des Reichtums oder vorgeblicher Vornehmheit zu nutzen –, die niemals ein intrinsisches Verhältnis zu uns unterhalten können und die auch nicht aus »Liebe« angenommen wurden? Und dennoch: Gerade weil sie die Zusammenhänge zwischen den verschiedenen Segmenten unserer individuellen und der kollektiven Geschichte wiederherstellen, heißt die Dinge vor ihrer Unbedeutsamkeit zu retten auch, uns selbst besser zu verstehen.

Die Lebensdauer der Dinge hängt indes nicht allein von spontanen Naturprozessen ab. In der Geschichte begegnet man häufig der Lust, die von ihrer Zerstörung hervorgerufen wird, einem Genuss, der nicht auf ihre mögliche Wiederverwendung abzielt, sondern auf ihr sowohl materielles als auch symbolisches Verschwinden. Das ist der Fall des Vandalismus in seiner augenscheinlichen

Willkür, der während der Kriege geplünderten, in Ketten gelegten und in Brand gesteckten Städte, der sich gegen Gegenstände richtenden Gewalt, der *jacqueries* oder der Volksaufstände.

Insbesondere Letztere münden bisweilen – vom verworrenen Wunsch geleitet, die verhassten Symbole eines Regimes auszulöschen – in regelrechte Revolutionen wie im Falle der Bastille oder des Winterpalasts ein:

> »Am liebsten zerstört die Masse Häuser und Gegenstände. Da es sich oft um Zerbrechliches handelt, wie Scheiben, Spiegel, Töpfe, Bilder, Geschirr, neigt man dazu zu glauben, daß es eben diese Zerbrechlichkeit von Gegenständen sei, die die Masse zur Zerstörung anreizt. Es ist nun gewiß richtig, daß der Lärm der Zerstörung, das Zerbrechen von Geschirr, das Klirren von Scheiben zur Freude daran ein Beträchtliches beiträgt: Es sind die kräftigen Lebenslaute eines neuen Geschöpfes, die Schreie eines Neugeborenen. Daß es so leicht ist, sie hervorzurufen, steigert ihre Beliebtheit, alles schreit mit einem und den anderen mit, und das Klirren ist der Beifall der Dinge. [A]ber es wäre irrig zu glauben, daß die Leichtigkeit des Zerbrechens das Entscheidende daran ist. Man hat sich an Skulpturen aus Stein herangemacht und nicht geruht, bis sie verstümmelt und unkenntlich waren.«[102]

In der Dreiecksbeziehung von Individuum, Masse und Gegenstand ist die Lust des Zerstörens an die felsenfeste Entscheidung gebunden, die von den konstituierten Mächten auferlegten Grenzen zu negieren, die die hervorbrechenden Energien, von denen die Masse sich augenblickshaft bestürmt fühlt, sowie die aufrührerisch angestrebte Freiheit beschränken.

Die *damnatio memoriae* – mit ihrem Auslöschen von Inschriften, der Enthauptung von Statuen, dem Verbrennen von Büchern oder gleich ganzer Bibliotheken, dem Ikonoklasmus, dem »vertikalen« Vergessen, das die Christen mit der Errichtung ihrer Kirchen auf den Grundmauern heidnischer Tempel ins Werk setzten – zeigt die enge Verbindung zwischen einer Lust an der Zerstörung und dem Wunsch, Namen, Symbole und Orte vermittels der gewaltsamen Affirmation einer neuen Macht vergessen zu lassen. Diese nährt sich anfänglich von Feindschaft, Rachegelüsten, Genugtuung, Fanatismus und Neid den Gegenständen gegenüber, denen mit der Absicht, neue Hierarchien zwischen den Personen sowie Personen und Dingen zu errichten, gewaltsam ihr Prestige entzogen wird.

Um eine Leere zu füllen?

Es können Bedeutungen von den Dingen abgezogen oder zu ihnen hinzugefügt werden, sie können aber auch – analog zur freudschen »Trauerarbeit« – mit Werten überladen werden, um andere Verluste überzukompensieren. Was haben wir in unserer Kultur und unserem Leben verloren, um uns mit einem derartigen Eifer auf Konsumgüter zu stürzen? Welche Art von Leere überdecken diese gegebenenfalls?

Ist es wirklich zutreffend, dass unserem Verhältnis zur Welt der Dinge in den von Marktgesetzen und einem »possessiven Individualismus« bestimmten Gesellschaften, in denen die ökonomische Sphäre eine relative Autonomie gewonnen hat, eine größere Bedeutung zukommt als den zwischenmenschlichen Beziehungen?[103] Beeinflussen uns die Konsumwaren in einer Weise, dass sie den vordersten Platz innerhalb unserer Interessenslagen besetzen? Wenn es schon immer einen Sinn für Eigentum oder die Anhänglichkeit an Objekte gegeben hat – wenn auch in unterschiedlichen Modalitäten –, welche Charakteristika zeichnen dann unsere Beziehung dazu aus, was wir uns aneignen? Was unterscheidet einen *Mastro Don Gesualdo* der Vergangenheit von unserem zeitgenössischen Shopping-Fetischisten?

Es ist nicht einfach, das Phänomen des Konsumismus in seinen mannigfaltigen Facetten zu erfassen, ohne den Schleier des Moralismus abzulegen. In philosophischer Hinsicht besteht eine aussichtsreichere Perspektive, das Problem zu untersuchen, darin, es genetisch als Resultat der Abschaffung von Grenzziehungen zu betrachten, die der vollständigen Befriedigung von lange unterdrückten Bedürfnissen und Wünschen traditionell von anhaltenden Mangelerscheinungen auferlegt wurden.

Seit mehr als eineinhalb Jahrhunderten (um genau zu sein seit 1852, als Aristide Boucicault das erste Warenhaus in Paris eröffnete, *Au bon marché*, das sich noch immer in der Rue de Sèvres befindet) ist die Welt von der vorherrschenden Rolle des Konsums in Wirtschaft, Gesellschaft und Individualpsychologie gezeichnet. Die niedrigen Einheitspreise der Waren, die Möglichkeit, sie unter bestimmten Bedingungen zurückzugeben, sowie die Einführung der Ratenzahlung stoßen in aufeinanderfolgenden Wellen eine »Verbreitung des Überflüssigen« sowie eine »Demokratisierung des Luxus« an.

Zum weiteren Anwachsen des Umfangs an erwerbbaren materiellen Gütern haben ferner einige Innovationen beigetragen, die uns in der Zwischenzeit nur allzu vertraut geworden sind: Fünfzig Jahre nach der Entstehung der Kaufhäuser wurden die potenziellen Kunden schon von Schaufenstern in ihr Inneres gezogen, die ein französischer Handwerker namens Foucault 1902 erfunden hatte, nachdem es ihm gelungen war, großflächige Glasplatten herzustellen, die auch bei großen Temperaturschwankungen intakt blieben. In den 1930er-Jahren bewegte der Amerikaner Sylvan Nathan Goldman die Kunden durch die Erfindung des Einkaufswagens dazu, diese in größerem Ausmaß mit Waren zu füllen, als es mit den zuvor gebräuchlichen Körben überhaupt möglich gewesen wäre.[104]

Von einem theoretischen Standpunkt aus gesehen, entstehen die Warenhäuser durch den Anstoß einiger französischer Wirtschaftswissenschaftler – allesamt Schüler von Bastiat – mit dem Ziel, die von Sismondi in den *Principes d'économie politique* von 1817 ausgemachte Schere zwischen einer Überproduktion von Waren durch die massive Einführung maschineller Verfahren und einer der geringen Kaufkraft seitens eines Großteils der Bevölkerung geschuldeten Unterkonsumtion zu schließen. Die Grundannahme lag darin, dass sich durch eine Begünstigung des Konsums nicht nur die Produktionsüberschüsse auffangen, sondern sich ferner auch die Arbeitslosenquoten in Industrie und Handel senken ließen und es so zu verhindern sei, dass verzweifelte Arbeiter die Maschinen stürmten, da sie diese für den Verlust ihres Arbeitsplatzes verantwortlich machten. In unserem Lebensstil liegt gleichwohl noch mehr als diese Entriegelung der Konsumschranken, die sich seit den 1920er-Jahren zuerst in den Vereinigten Staaten durchsetzt und sich sodann auch auf andere Staaten und Kontinente ausweitet. Es handelt sich um eine Art von Bulimie des Kaufens, um eine übertriebene Neigung, im Grunde überflüssige Ansprüche und Bedürfnisse zu befriedigen. Der relative Warenüberfluss hat die Individuen dahin geführt, die mehrere Jahrtausende alten, von Knappheit aufrechterhaltenen Barrieren zu durchbrechen, und damit – einigen Kritikern zufolge – eine besorgniserregende Regression der Zivilisation in primitive Stadien begünstigt:

> »Die Objekte sind weder Flora noch Fauna. Doch vermitteln sie durchaus den Eindruck einer wuchernden Vegetation und eines Dschungels, in dem es für den neuen Wilden der modernen Zeiten schwer ist, den Abglanz der Zivilisation wiederzuerkennen.«[105]

Da Gegenstände direkt an der Konstruktion von Individualität beteiligt sind, scheint eine solche Regression zu einem folgenschweren Authentizitätsverlust der Personen beizutragen, die in den heutigen Überflussgesellschaften zunehmend als unfähig auftreten, ihren Wunsch zu transzendieren, sich die Welt der Objekte einzuverleiben (ein Verhalten, das nicht immer Indikator von Passivität ist, jedoch stets von einer inneren Zustimmung zur Funktionsweise eines ökonomischen Systems zeugt, das auf der Notwendigkeit des Konsums gründet). Auf diese Weise verlischt auch der Impuls der Individuen, sich nach dem für sie Besten auszurichten: »Keine Transzendenz mehr, keine Zwecke, kein Ziel: Das Merkmal dieser Gesellschaft ist das Fehlen von ›Reflexion‹, einer Perspektive auf sie selbst.«[106] Wenn das zutreffen sollte, würde das Paradox eines Verlustes von Wirklichkeit und einer komplementären Unfähigkeit, sich über sie zu erheben, ausgelöst, und der Schwung auf das Höhere hin, der den europäischen Humanismus insgesamt ausgemacht hatte – vom Traktat *Über das Erhabene* des Pseudo-Longinos an über die Tradition der Renaissance und des 17. Jahrhunderts bis hin zur letzten Jahrhunderthälfte –, wäre heutzutage völlig bar jeder Energie und Motivation.[107]

Vorausgesetzt, dass der Konsumismus insgesamt unheilvolle Wirkungen zeitigt, kann man oder sollte man ihm entkommen? Da innerhalb unserer ökonomischen Strukturen gilt, dass, wenn nicht konsumiert wird, auch nicht produziert wird und dass, wenn nicht produziert wird, das System kollabiert, wird evident, dass der Konsum untrennbar mit dem gesamten Wirtschaftszyklus verbunden ist. Deshalb erweist sich die Abschaffung der mit dem Konsumismus verbundenen Praktiken – der auch Konsum von Leben ist und nicht nur von Gütern –, auch wenn die gegenwärtigen Finanz- und Energiekrisen womöglich unser kollektives Verhalten verändern werden, als schwierig und äußerst langwierig. Denn aus ihr folgt sowohl eine Schwächung und im Grenzfall eine Zersetzung der aktuellen Produktionsweisen als auch eine mühselige Umstellung der Lebensstile von Hunderten Millionen von Individuen, an die sie sich historisch gesehen erst vor kurzer Zeit und mit augenscheinlichem Wohlgefallen gewöhnt haben.

Soweit die soziale Ebene. Auf der individuellen Ebene: Führt der über die eng gefasste Notwendigkeit der Befriedigung von Primärbedürfnissen hinausgehende Warenkonsum an sich und tatsächlich zu einem schroffen Verlust von Wirklichkeit und einer radikalen Banalisierung der Existenz, die von ihrer Kraft zur Selbsttranszendierung und Erneuerung abgeschnitten wurde? Nicht alle Hinweise veranlassen uns zu einer solchen Annahme katastrophischer Szenarien. Die Einladung des Vicomtes Georges D'Avenel, sich daran zu erinnern, dass der moderne Luxus durchaus banal sei, dass jedoch zuvor nur Not und Elend herrschten, behält ihre Gültigkeit.[108] Zudem ist daran zu erinnern, dass es »Widerstandszonen,

Nischen, Nebenwege« gibt, in und auf denen die Objekte ihrer Kommerzialisierung widerstehen, und – nicht notwendig aus dem Bereich der Werbung stammende – Symbole auf den Plan treten, die »ihre Fähigkeit beweisen, unsere Verhaltensweisen neu auszurichten« und zwar auf eine stets persönlichere Art und Weise.[109] Die Ausweitung des Spektrums der Bedürfnisbefriedigung über die reine Notwendigkeit hinaus impliziert ferner nicht das automatische Ende der Transzendenz mit der darauffolgenden Regression in ein urwüchsiges Stadium der Menschheit in einem Objektedschungel. In mancherlei Hinsicht stellt sie im Gegenteil das anerkennenswerte Resultat eines mühsamen Zivilisierungsprozesses dar, der unzählige Personen einbegreift und sich nach Jahrtausenden der erzwungenen und demütigenden Enthaltsamkeit von materiellem wie immateriellem Konsum durchsetzt.

Sind wir also auf der anderen Seite dem unentrinnbaren Schicksal ausgeliefert, das uns dazu zwingt, die Fortdauer eines auf Ressourcenverschwendung aufbauenden ökonomischen Systems zu akzeptieren, während mehr als ein Drittel der Menschheit an einem qualvollen Mangel an Primärgütern leidet? Kann jener korrelative Luxus, der auf so asymmetrische Weise zwischen den Bevölkerungen und innerhalb einer jeden von ihnen verteilt ist, noch lange andauern, ohne zu einem nicht mehr tolerierbaren Unrecht zu werden? Was wird geschehen, wenn die reicheren Länder womöglich dazu gezwungen sind, ihre Güter mit den Einwohnern anderer Teile des Globus zu teilen, die zuvor zu einer endemischen Knappheit verurteilt waren? Kann man wirklich zu bereits vergessenen bescheideneren und genügsameren Lebensmodellen zurückkehren, und wird sich als eine Konsequenz auch unser Verhältnis zu Waren, Gegenständen und Dingen verändern? Welche Wünsche, Ideen oder Fantasien werden wir im Falle, dass solche Umbrüche tatsächlich stattfinden, dann auf die Dinge projizieren? Wird man in unterschiedlichen Formen wiederentdecken, was der Reichtum der Privilegierten bislang in die Randgebiete des Bewusstseins abgedrängt hat, nämlich die Herkunft der Dinge aus der Natur, der Geschichte, den Techniken? Eingedenk der Warnung, dass »das Unvermeidbare nie eintrifft, jedoch stets das Unerwartete«,[110] wäre es allzu gewagt, Vorhersagen von mittlerer oder langfristiger Reichweite zu formulieren. Die Fragen jedoch bleiben offen.

Das Zeitalter der banalen Dinge

Leben wir tatsächlich im Zeitalter der Vervielfachung »banaler Dinge«? Dieser Eindruck ist weitverbreitet und hartnäckig:

> »Unsere Kultur banalisiert den Gegenstand sowie die von ihm eingenommene gesellschaftliche Rolle: Sie vergisst seinen Ort und seine Funktion oder aber kann in ihm nichts anderes mehr sehen als den Ausdruck und das Mittel unserer endgültigen Entfremdung.«[111]

Die Dinge werden entweder auf reine Materialität oder im Gegenteil auf Simulakren und Bannerträger von Zeichen reduziert, auf bloße Kommunikationsmittel.

Haben wir am Ende die für die Produktion von Waren nötige Arbeit aus dem Blick verloren und reduzieren diese deshalb auf Symbolaggregate? Hat sich die Wahrnehmung von Waren als kristallisierte Arbeit – als Ertrag des Einfallsreichtums, der Anstrengung und oftmals auch der Ausbeutung unzähliger Männer, Frauen und Kinder – derart verdunkelt, dass wir vergessen, dass Arbeit nicht nur dasjenige transformiert, auf das sie sich richtet, sondern auch denjenigen, der sie verrichtet? Hat sich die Arbeit – in einer Perspektive der langen Dauer betrachtet – tatsächlich vom biblischen Fluch als Buße für die im Paradies begangene Sünde in das calvinistische Zeichen des Heils und vom Sinnbild der Würde sowie der »Selbstemanzipierung des Menschen« in ein mühseliges oder einfach nur langweiliges Instrument des Überlebens verwandelt?

Die natürliche Lotterie hat die Gaben der Erde – Fruchtbarkeit des Bodens, Trinkwasser, Klima, Metalle, Energiequellen, Erleichterung von Kommunikation, Anbindung an die Hauptverkehrswege – auf zufällige Weise auf die Bewohner des Planeten verteilt. Völker und Individuen kämpften deshalb seit jeher um eine Kontrolle der Ressourcen (es genügt, die Beschaffenheit der zwischenstaatlichen Grenzen zu betrachten, um sich bewusst zu werden, wie sehr diese im Wesentlichen von Kriegen abhängen): Während die Glücklicheren der Erde diese Gaben direkt von der Natur empfangen oder sie sich mit Gewalt angeeignet haben, sind die weniger Glücklichen nicht von ihnen begünstigt oder sind es in nur unzureichender Form (und es handelt sich bei ihnen oftmals um die Bewohner unwirtlicher Orte, um Nationen, die politischer und militärischer Macht entbehren oder sich noch nicht im Besitz der Technologien und der Kultur befinden, um die eigenen Ressourcen auch zweckmäßig zu nutzen). Trägt der Wertverlust der Arbeit dazu bei, Waren in Simulakren zu verwandeln, sodass uns diese hinter ihrer Markenfassade – die eigentlich eine Qualitätsgarantie darstellen sollte – dazu auffordern, in einer ethischen und politischen Dimension zu leben, die »im Schutze der Zeichen und der Verweigerung von Wirklichkeit« liegt?

Trifft es tatsächlich zu, dass

> »wir nun aber [wissen], dass das Objekt nichts ist und sich hinter diesem Nichts die Leere der zwischenmenschlichen Beziehungen, die Umrisse der gewaltigen Mobilisierung gesellschaftlicher Produktivkräfte abzeichnen und sich in ihm verdinglichen«?[112]

Wenn diese Diagnose auch eine massive Dosis von »Rhetorik der Postmoderne« enthält –

> »sicher ist, dass sich der Status der Dinge in der postmodernen Welt gewandelt hat; doch ist der Weg von dort aus zur Behauptung, die Dinge gäbe es gar nicht, durchaus ein weiter«[113]

–, so ist doch augenfällig, dass der Gebrauchs- und Tauschwert der Objekte heutzutage ihrer teilweisen Umwandlung in Simulakren sowie ihrer Zurschaustellung als schlichte *Statussymbole* den Vortritt gelassen hat.

Seitdem der Konsum in bestimmten Ländern und sozialen Schichten die Oberhand über die Produktion gewonnen hat und die Verschwendung über die Einsparung, wird auch der ausreichende Besitz existenznotwendiger Güter nicht mehr als zufriedenstellend erlebt. Viele Menschen neigen aus diesem Grund dazu, Zeichen auszustellen und zu konsumieren, sich Stilikonen zuzulegen, die sie von den anderen unterscheiden und sie gleichzeitig bestimmten sozialen Kategorien zuordnen lassen. Im Zuständigkeitsbereich einer solchen Logik entstehen die »Mythen des Alltags«, die sich auf Kultobjekte wie den Citroën DS der 1950er-Jahre und neuerdings den Smart richten oder auch auf Markentaschen oder Designer-Accessoires.[114]

Zu der Auffassung von Objekten als Simulakren trägt nicht nur ihre serielle Produktion bei, die Nachbilder eines inexistenten Originals erzeugt, sondern auch die Verbreitung von Bildern – und zwar sowohl derer, die *hic et nunc* aus dem eigenen Raum und der Zeit des Kinos, des Fernsehens, aus dem Internet oder Mobiltelefonen herausgerissen werden, als auch der von künstlicher und virtueller Realität hervorgebrachten.[115] Insbesondere Letztere umgeht nicht nur den direkten Kontakt mit den Gegenständen, sondern kann zudem den Tastsinn miteinbeziehen, der in gleichem Maße wie der Hör- und Sehsinn ein und dieselbe Erfahrung für mehrere Subjekte nachvollziehbar macht. Durch in speziellen Helmen montierte Sichtgeräte und an den Fingerkuppen angebrachte Sensoren können mehrere Individuen, die dasselbe informatische Programm ausführen und sich untereinander abstimmen, die simultane Empfindung haben, dieselben immateriellen Objekte zu berühren.

Schuldgefühle

In Anbetracht der Ansammlung von rasch erworbenen Gegenständen, die ebenso schnell wieder abgestoßen werden, sind unter den Einwohnern der westlichen Welt Schuldgefühle aufgrund des übermäßigen Warenkonsums sowie Ekel vor ihrer vulgären Zurschaustellung auszumachen. Auf diese Weise wird regelmäßig der Wunsch entfesselt, »unser Leben von seinen überflüssigen Fetträndern zu befreien«: ein schwacher Vorsatz, der unser schlechtes Gewissen allenfalls für einige Augenblicke beruhigen kann. Als aussichtsreicher kann die Zielsetzung aufseiten des Konsumenten gelten, »mit den Gütern, die er auswählt, ein intelligibles Universum zu erzeugen«[116] – mit Gütern, die als Teil materieller Kultur sowie als integrierende Faktoren der eigenen Identität verstanden werden. Auch neuere Tendenzen in Soziologie und Ökonomie laufen im Übrigen darauf hinaus, die negativen Auswirkungen des Konsumismus zu schmälern und zum Beispiel den Kunden nicht mehr als passives und fremdgesteuertes Individuum, als reines Opfer der Werbung zu betrachten, sondern als aktives Subjekt, das der Welt, in der es lebt, mit seiner Wahl Wert verleiht.[117]

In Wirklichkeit scheint der maßlose Erwerb und Konsum von Waren – weit mehr als freien Entscheidungen – oftmals einer Anpassung etlicher Individuen an das Kriterium zu gehorchen, aus der Notwendigkeit eine Tugend zu machen, das heißt einem dunklen Bewusstsein davon, dass ihre Glücksideale durch das kaudinische Joch von sozial geduldeten, erlaubten und mitunter sogar angenehmen Leitlinien hindurchzugehen haben. In *Die Dinge* hat Georges Perec jedoch gezeigt, wie die kleinen und augenblickshaften Dosen des Glücks, die sich der Unterwerfung unter die beherrschenden Werte der Konsumgesellschaft entreißen lassen, mit der Verarmung und Oberflächlichkeit der zwischenmenschlichen Beziehungen zu bezahlen sind, wie es auch den Protagonisten des Romans, Jérôme und Sylvie, geschieht, sobald sie den heftig herbeigesehnten Wohlstand einmal erreicht haben.[118] Die Verherrlichung von Waren als Vehikel des Glücks führt paradoxerweise zu deren Entwertung, da sie nicht in ihrer Funktionalität zu den tatsächlichen Motivationen der einzelnen Personen begriffen, sondern einer äußerlichen, sozialen Ordnung unterstellt werden, einer

> »Kultivierung des Geschmacks, die jedoch nicht mehr auf eine Enthüllung von Individualität zielt, sondern der Mitteilung der jeweiligen sozialen Zugehörigkeitsschicht dient«.[119]

Einen Wettstreit um die Angleichung an soziale Modelle von wirklicher oder vermeintlicher

Exzellenz gab es schon immer, und Simmel hat diesen hinsichtlich der Mode auf breiter Basis vorgeführt,[120] ein Phänomen, das in seiner »geheimnisvollen Banalität« flüchtig bleibt, insofern es nicht den Bedürfnissen nach Schönheit, Nützlichkeit oder Bequemlichkeit entspricht.[121] Seine Wirksamkeit beruht auf der Verknüpfung zweier Paradoxe. Das erste ist zeitlicher Art, insofern sich Zeit sowohl im Akt zeigt, ihre soeben abgelaufenen Abschnitte zu verschlingen und abzuwerten, als auch in der ihr eigenen Fähigkeit, sich zu erneuern und in jedem Augenblick wiedergeboren zu werden. Das zweite Paradox ist sozialer Natur, insofern ein jeder originell sein möchte, obgleich er stets damit endet, den anderen zu gleichen (und zwar aufgrund der zunehmenden Nachahmung eines Modells, das denjenigen, der sich von anderen unterscheiden will, zu weiteren Innovationen führt und damit eine unerschöpfliche Dialektik in Gang setzt). Aufgrund des ersten Paradoxes setzt sich die Mode gegen das Dauernde sowie auch gegen dasjenige durch, dem eine intrinsische Bedeutung zugesprochen wird. Aufgrund des zweiten Paradoxes glaubt ein jeder, in der Nachahmung seine eigene Identität bewahren zu können: Er will die Zugehörigkeit zu einer bestimmten Gruppe anzeigen, ohne sich jedoch vollständig mit ihr zu identifizieren. Der Anspruch auf Authentizität überschneidet sich mit dem Kunstgriff, Aufrichtigkeit verschmilzt mit Nachahmung und Verstellung. Die Mode verbirgt und entbirgt zugleich das für sich selbst undurchsichtig gewordene Individuum: »I am to myself disguised«,[122] lässt Shakespeare eine seiner Figuren in der *Komödie der Irrungen* sagen. Im Bereich der Mode besitzt die Ent-hüllung den doppelten Sinn, jeden Einzelnen vor sich selbst zu enthüllen und von Neuem unter ihrem Schleier zu verhüllen, um ihn damit in das soziale Spiel einer wechselseitigen Verführung (ital. *seduzione*, etymologisch von lat. *ad se ducere*, zu sich hinziehen) hineinzuziehen.

Haus-Laren

Es lässt sich fragen, ob gegen die Waren und Objekte nicht vielleicht eine – wenn auch edle – Nostalgie mit diffus pasolinianischen Anklängen nach der vorindustriellen Zivilisation in Stellung gebracht wird, in der Mangel noch mit – auch religiöser –, »Transzendenz« zusammenging und die bäuerliche Kultur mit einfachen handwerklichen Produkten? Trauert man nicht womöglich der Welt von gestern hinterher, in der die wenigen, durch zahlreiche Entbehrungen erworbenen, sorgsam bewahrten und überlieferten Dinge langsam die kognitiven wie affektiven Besetzungen aufsaugten und demnach begrifflich reicher, emotional aufgeladener und materiell besser gearbeitet erschienen?

Ein außergewöhnliches Dokument, das die tiefer liegenden Gründe für die Nostalgie nach einer (vermeintlichen) Authentizität der Dinge von früher sowie die daraus resultierende Abneigung gegen die »Schein-Dinge« der Gegenwart verstehen lässt, stellt der Brief Rilkes an Withold Hulewicz da Muzot vom 13. November 1925 dar:

> »Noch für unsere Großeltern war ein »Haus«, ein »Brunnen«, ein ihnen vertrauter Turm, ja ihr eigenes Kleid, ihr Mantel: unendlich mehr, unendlich vertraulicher; fast jedes Ding ein Gefäß, in dem sie Menschliches vorfanden und Menschliches hinzusparten. Nun drängen, von Amerika her, leere gleichgültige Dinge herüber, Schein-Dinge, *Lebens-Attrappen*... Ein Haus, im amerikanischen Verstande, ein amerikanischer Apfel oder eine dortige Rebe, hat nichts gemeinsam mit dem Haus, der Frucht, der Traube, in die Hoffnung und Nachdenklichkeit unserer Vorväter eingegangen war... Die belebten, die erlebten, die *uns mitwissenden Dinge* gehen zur Neige und können nicht mehr ersetzt werden. *Wir sind vielleicht die Letzten, die noch solche Dinge gekannt haben.* Auf uns ruht die Verantwortung, nicht allein

> *ihr* Andenken zu erhalten (das wäre wenig und unzuverlässig), sondern ihren humanen und larischen Wert. (›Larisch‹ im Sinne der Haus-Gottheiten.)«.[123]

Eine ähnliche Haltung bezüglich der »Geschichte der banalen Dinge« findet sich auch bei zeitgenössischen Autoren wie Daniel Roche, der sein Buch all denjenigen widmet,

> »die die Frostbeulen des Winters kennengelernt haben, die nicht lesen konnten, wann und wie sie es wollten, weil ihnen der Strom abgedreht wurde oder weil sie nicht genügend Petroleum hatten«.[124]

Die larische Atmosphäre des Hauses wahrte und begünstigte die Umwandlung von Objekten in Dinge und übertrug in ihrer sakralen Vertrautheit Würde und Ehrbarkeit auf die jeweiligen Besitzer. Auch in vorindustriellen Gesellschaften kamen Gegenständen und ihrem Besitz natürlich grundlegende Wichtigkeit innerhalb der »oikonomischen« Sphäre des Hauses zu, bevor der Begriff »Ökonomie« 1613 von der Verwaltung des Hauses auf die Verwaltung der Gesellschaft ausgeweitet wurde.[125] Vom *Oikonomikos* des Xenophon bis hin zum »ganzen Haus« der alteuropäischen Tradition (nicht nur ein Ort des Konsums und der Dienstleistungen, sondern auch ein Ort der Produktion)[126] ist es die Frau, die sich um die häuslichen Angelegenheiten kümmert und der – im Regelfall durch Delegierung seitens des Ehemannes – die Kuratel der Dinge sowie die Kultivierung des Vergnügens obliegt, diese zu sammeln und zu ordnen.

Bis vor nicht allzu langer Zeit stellte das Haus vor allem »das Bild einer ›versteinerten Zeit‹« dar: Es vereinigte und kondensierte

> »Vergangenheit und Zukunft im bewohnten Raum, der in zurückliegenden Zeiten geschaffen und sodann von den Folgegenerationen sukzessive transformiert wurde«.[127]

Davon zeugt die Geschichte der häuslichen Einrichtungsgegenstände im Rom des 17. Jahrhunderts, als die familiären Rücklagen in kostbaren Artefakten und Schmuckstücken bestanden, die man oftmals als Aussteuer erhalten oder aufgrund testamentarischer Verfügungen ererbt hatte (»tendenziell unveräußerliche« und gesetzlich geschützte Dinge, die jedoch durch Erbschafts- oder Gewohnheitsrecht einer Reihe von aufeinanderfolgenden Wiederaneignungen unterlagen).

Sogar in den ärmeren sozialen Schichten wurde die Überfülle an Möbelstücken, die Armaturen der Küchen und der restliche Hausrat nicht als einfache Gesamtheit funktionaler Instrumente angesehen. Bei ihrer Auswahl und Instandhaltung, ihrer Pflege und Bereitstellung waren andere Kriterien und Werte vorherrschend, die insbesondere auf den weiblichen Geschmack abgestellt waren:

»Dieser scheinbare Widerspruch zwischen einer größeren Armut einerseits und einer anwachsenden Gegenstandsfülle andererseits ist meines Erachtens ein Indiz für eine andere Haltung den Gegenständen gegenüber, die weder rein utilitaristisch noch allzu eng an die finanziellen Mittel gebunden ist und die ich als besonderes Vergnügen daran definieren würde, Hausrat zu besitzen, sich mit ihm zu umgeben und ihn zu bewahren.«

Nicht nur im Anhäufen von Silberwaren und Schmuck oder im Sammeln von Bildern, sondern auch in der Vermehrung der Quantität und Varietät von Töpfen und Pfannen liegt eine »Aufopferung des Nützlichen«. Für die Ärmsten der Bevölkerung ist dies ein Zeichen von Selbstachtung, für die Wohlhabenderen von wachsendem sozialen Einfluss:

»Die Ressourcen an Zeit und Geld sind, indem sie sich in Objekte verwandelt haben, die der Sphäre des Nützlichen entzogen und schlicht dem Blick ausgestellt werden, nicht einfach im Rahmen unproduktiver Unternehmungen vergeblich verschwendet worden, sondern haben Wert geschöpft – einen im Vergleich zum ökonomischen andersartigen und höherstehenden Wert –, der dazu angetan ist, Ansehen im Leben sowie Fortdauer nach dem Tod zu sichern.«[128]

Wie eigentlich überall übermitteln auch hier die materiellen Dinge immaterielle Symbole: in diesem Fall persönliche und soziale Werte. Die Imagination neigt im Normalfall dazu, den Objekten des Hauses eine affektive Bedeutung zuzuerkennen, insofern das Haus nahezu archetypisch als Wiege der Innerlichkeit und Vertrautheit und als »erste Welt des Menschen« betrachtet wird, die von den Hausmauern an bis hin zu Schrank und Bett »Erinnerungen aus Stein« und Holz verwahrt.[129]

Im häuslichen Bereich fungieren die Dinge auch noch in einer anderen Hinsicht als Vermittler zwischen Personen. Über lange Zeit hinweg war das Vermögen entscheidend für eine Eheschließung. Die Eltern, Verwandten oder Vormunde entschieden über die Heirat aufgrund von wesentlich ökonomischen oder auf die Vorwegnahme familiärer und politischer Bündnisse gerichteten Überlegungen: ein Brauch, wie er in den europäischen monarchischen und aristokratischen Restbeständen weitgehend intakt geblieben ist und sich noch immer im Spanischen widerspiegelt, wo der Schwiegersohn *hijo politico* und der Schwager *hermano politico* heißt.

Seit Rousseaus *Neuer Heloise* und den ihm zeitgenössischen englischen Romanschriftstellern wie Richardson mit seiner *Clarissa* zielt man bei der Auswahl des Lebenspartners hingegen darauf ab, den Wünschen und dem Willen der Individuen ein Vorrecht einzuräumen. In dieser Einstellung liegt die stillschweigende Anwendung einer Art von newtonschem Anziehungsgesetz, dem nicht ohne Risiken die Vorherrschaft über die ökonomischen und sozialen Abwägungen zuerkannt wurde. Auch in Heiratsfragen wird das Liebesideal über das Vermögen gestellt, und die Ehefrau hört tendenziell auf, eine zwischen den Familien wechselnde Spielfigur zu sein.

Die freie Wahl der zu ehelichenden Person ist dabei eine jüngere Errungenschaft als die Auswahl der Möbel, Stoffe oder Bilder, die in den vermögenden Häusern des vorindustriellen Zeitalters in Auftrag gegeben wurden, um ihre Form und Qualität den persönlichen Geschmäckern und dem Ansehen der Hausherren anpassen zu können. Heutzutage ist die Gepflogenheit, sich mit seinen Wünschen an Handwerksmeister oder Künstler zu wenden, kostspielig, selten und unbedeutend geworden, und man ist dazu gezwungen, auch im Segment der Luxusartikel zwischen seriell produzierten Objekten zu wählen, die sich dank globaler Produktions- und Vermarktungsnetze sowie eines von der werbegestützten Sichtbarkeit regierten dauerhaften Ausstellungssystems inzwischen überall finden lassen.

Im Vergleich zur traditionellen »bürgerlichen« Einrichtung, bei der »die funktional diversifizierten, aber stark miteinander integrierten Möbelstücke um das Büffet oder das zentrale Bett kreisten«, die in ihrer imposanten Mächtigkeit die Mitte des häuslichen Raumes besetzten, tendiert das moderne Objekt – auch aufgrund der gesunkenen Verfügbarkeit von Wohnraum – dahin, sich zurückzuziehen und seine spezifische Funktion einzubüßen:

> »Couchen, Schlafecken, niedrige Tische, Regale und Anbauelemente verdrängen die alten Garnituren. Die Bauweise selbst wird in Mitleidenschaft gezogen: Das Bett verwandelt sich zur Kippcouch, die Anrichte und der Kasten übersiedeln in den Wandschrank, der verschiebbare Türen erhält. Die Dinge lassen sich nun zusammenklappen, ausziehen und schwenken, verschwinden auf Wunsch und sind im nächsten Augenblick wieder da.«[130]

Es bleibt jedoch zu verstehen, wie man sich vom Gebrauch dieser Objekte überhaupt emanzipieren kann, wenn man nicht auf der nackten Erde schlafen oder sich stehend und mit bloßen Händen rohe Nahrung einverleiben möchte.

Die Inflation der Schönheit

Der aus handwerklicher Fertigung stammende Gegenstand, der sich durch technische Meisterschaft, durch das Anliegen, die eigene Funktion zuverlässig auszuführen, sowie durch eine »Besessenheit von Qualität« auszeichnet, erreicht zuweilen Ebenen der Vortrefflichkeit, die die Grenzen zur Kunst aufheben, wie etwa im Falle der Salzfässchen Benvenuto Cellinis oder der Geigen Antonio Stradivaris.[131]

Derjenige Gegenstand, der nur ein einziges Mal hergestellt und zudem in Auftrag gegeben wurde, ist sicherlich in größerem Maße dafür empfänglich, mit Wert und Affektivität aufgeladen zu werden. Aber geschieht Ähnliches nicht ebenfalls und bereits seit geraumer Zeit auch mit seriell produzierten Gegenständen, die etwa von höchst spezialisierten Personengruppen nach sorgfältig und geschmackvoll ausgearbeiteten Prototypen entworfen wurden? Und auch wenn sie nicht die höchsten Gipfel der Qualität erreichen: Nehmen nicht auch das eigene Auto und in noch stärkerem Maße die für ein kleines Mädchen in einem beliebigen Geschäft erworbene Puppe den Charakter eines *unicum* an, werden nicht auch sie untrennbar mit den individuellen Erlebnissen verbunden?

Die Schönheit hat heutzutage die elitären Dämme durchbrochen, ist aus ihrer glanzvollen Isolation in Kirchen, Palästen und Museen ausgetreten und hat sich wieder auf die Straßen und die Objekte des Alltagslebens ergossen. Indem sie sich als ein Mehrwert mit der schlichten Funktionalität verbunden hat, ist sie in die Automobile, die Schilder der Geschäfte, die Sessel und Mokkamaschinen umgezogen. Die durchgreifende Verbreitung der Ästhetik bringt gewiss »inflationäre Schönheit«[132] mit sich, garantiert jedoch auch – durch Design sowie die Verbreitung neuer Techniken und Materialien – oftmals für die Qualität der Dinge.

Objekte werden heute nicht so sehr aufgrund von kognitiven und affektiven Besetzungen persönlicher Art zu Dingen (die vielleicht später auch noch hinzukommen) als vielmehr durch die Wirkung der Werbung, die sie mit einer strahlenden Aureole umgibt; und diese ist nicht selten auch dazu angetan, den Blick von der intrinsischen Zuverlässigkeit des Produkts abzulenken. In ihrer Funktion eines künstlichen Konsumbeschleunigers projiziert die Werbung fantastische Qualitäten auf die Dinge, die gleichwohl in den Geschmäckern und Archetypen fest verankert sind, die bei einem bestimmten Publikum den jeweils stärksten Eindruck hinterlassen: Jugend, Gesundheit, Schönheit, Sicherheit, Lust, Glück, Wohlbefinden, Familie, Tradition, Abenteuer oder Innovation und insbesondere der Eros.

Die Werbung ist zu einer Kunstform geworden, die dazu imstande ist, Symbole zu manipulieren und sie auf ihr *target* und die vorherrschenden Moden abzustimmen, sodass es völlig blauäugig wäre, eine absolute Spontaneität und Authentizität der Konsumentenentscheidungen anzunehmen. In jedem Zeitalter der menschlichen Geschichte gab es Marktschreier und Händler, die daran interessiert waren, ihre Produkte mit dem sicheren Rüstzeug von Werbetricks zu verkaufen. In einer »toyotistischen« Ökonomie wie der unsrigen, die sich den Interessen und Neigungen der Konsumenten folgend reguliert (da es dieser nicht mehr gelingt, ihre Waren den Konsumenten wie in der fordistischen Phase aufzuzwingen), wird die Werbung noch unabdingbarer, um den Warenkonsum in Ausmaß und Qualität mit der Produktion zu synchronisieren.

Die Werbung ist einer der Faktoren, welche die Durchsetzung des »Sex-Appeals des Anorganischen« begünstigen – ein von Benjamin zur Bezeichnung der Anziehungskraft der Mode als »bunte Leiche«, als tote Hülle des lebendigen Körpers, erdachter Ausdruck[133] –, wobei die Werbung heute die Aufladung mit einer derart starken erotischen Komponente seitens des Objekts bedingt, dass das ihrem Einfluss unterliegende Subjekt verführt und in ein »fühlendes Ding«[134] verwandelt wird. Mit einer Anziehungskraft, die derjenigen der lateinischen *venustas* (von *Venus*) ähnelt, unterschiebt das sich mit vorgefertigten Träumen umhüllende Objekt dem Subjekt eine ephemere und vordergründige Identität. Es wirkt nicht allein auf das menschliche Wahrnehmungsvermögen (*aisthesis*), sondern macht das Subjekt, indem dieses in die Randbezirke seiner selbst zurückgedrängt wird, nur noch abhängiger von den Dingen. Indem es Gewöhnung hervorruft, nimmt es darüber hinaus dem Schönen seine auratischen Qualitäten einer strahlenden Erscheinung, seinen bewegenden und einmaligen Charakter. Paradoxerweise an-ästhesiert es schließlich das Subjekt. Wenn diesem einmal die »*kulturelle* Verantwortung seiner Entscheidungen« genommen worden ist, bleibt für das Subjekt nur, »auf das einzig und allein *kulturelle* Begehren des Dinges eine Antwort zu geben zu versuchen, indem es mit ihm ein eher sinnliches als rationales, eher körperliches als geistiges, eher emotives als logisches Bündnis eingeht«.[135] Auch wenn sich die Gegenstände in unterschiedlicher Weise und Geschwindigkeit mit symbolischen Werten aufladen und auch wenn mitunter wertvolle punktuelle Gleichgewichte zwischen Form und Funktion erreicht werden – in seltenen Fällen werden die Konstrukteure von der Form selbst dazu gezwungen, die Funktion der Objekte zu modifizieren[136] –, tendieren das Logo, die *griffe*, die globale Wiedererkennbarkeit der Marke oder des Designs dahin, letztlich über die Qualität zu obsiegen.[137] Aufgrund anhaltender Forschung unterliegen die Materialien gleichwohl ständigen Perfektionierungsprozessen (die wesentlich schneller ablaufen als in der Vergangenheit, als zum Beispiel die Verbesserung der für Messerschneiden verwendeten Metallkompositionen im 16. Jahrhundert dazu diente, Skalpelle und andere chirurgische Instrumente herzustellen, die für die Patienten weniger schmerzhaft waren als die Rasierklingen des Wundarzt-Barbiers, oder als es im Jahr 1668 in den Glashütten von Saint-Gobain gelang, groß dimensionierte Glasplatten zu gießen).[138] Für unsere Tage mag es genügen, auf die Erfindung der »Cool Wool« im Bekleidungssektor oder auf die Verwendung von mithilfe von Nanotechnologien gewonnener Materialien im Bereich der Feinmechanik hinzuweisen.

Wenngleich sie nicht dazu in der Lage sind, den Objekten die Aura der Einzigartigkeit zu restituieren, gibt es auch weiterhin »Orte der Qualität«, die sich heutzutage an den Kreuzungspunkten von Denken, Kunst und Technik verorten lassen, denen damit stattliche Quoten an Mehrwert zukommen. Sie wurden alles in allem (außer in der »Schule des Philosophen« und – so möchte ich hinzufügen – in der von Produktdesignern unterstützten Industrie) in der Werkstatt des Handwerkers, im Labor des Wissenschaftlers sowie in der Werkshalle ausgemacht.[139] Es handelt sich dabei um Orte, an denen zuvor voneinander isolierte Elemente technischer, ökonomischer und kultureller Art unversehens ausflocken und miteinander verschmelzen und so einem neuen Objekt Raum geben, das so lange andauert, wie die Umgebung existiert, in der es operieren kann (dieses Phänomen wird mit dem Begriff des *lash-up* bezeichnet).[140]

Schönheit und Funktionalität verflechten sich auch noch auf andere Art und Weise miteinander. Dank der Biotechnologien und der künstlichen Intelligenz wohnen wir einer »Biokonvergenz« von Organischem und Anorganischem, von Natürlichem und Artifiziellem bei. Durch Prothesen (von den einfachsten und minimalinvasiven wie dem Pacemaker oder dem koronaren Bypass angefangen, bis hin zu den komplexesten wie dem Chip, der Erblindeten das Sehvermögen zurückgibt) füllt sich unser Körper mit Apparaturen aus Metall, Silikon oder Plastik, die zusammen mit dessen Gesundheit auch sein Erscheinungsbild verbessern, während umgekehrt in Computern, die immer stärker den Vorgaben des Designs unterliegen, menschliche Intelligenz simuliert und über den Einsatz von neuronalen Schaltungen zur Datenverarbeitung und -übertragung spekuliert wird. Wir bewegen uns auf den sogenannten *posthuman* zu, auf die immer verbindlichere wechselseitige Integration von neuen Formen und neuen Inhalten von lebendiger, von den Biotechnologien umgestalteter Materie und lebloser Materie.[141]

Das »vierte Reich« der Objekte bildet sich heraus, und es wird möglich, sich diese

> »nicht mehr als prothesenhafte Instrumente, als Verlängerungen des Körpers oder des Geistes, sondern als unsere ›Anderen‹, als Partner-Instrumente [vorzustellen]: Sie ähneln immer stärker autonomen Organismen, und die Welt der Objekte gleicht zunehmend einem vierten Reich, das dem mineralischen, dem pflanzlichen und dem tierischen Reich an die Seite zu stellen ist«.[142]

Glücklicherweise handelt es sich um ein viertes Reich, das kein Artensterben und die daraus folgende Verminderung von Biodiversität zu fürchten braucht.

Die von den Produkten aller Art absorbierte Arbeit, Intelligenz, Fantasie und Affektivität müssen dechiffriert werden (eine Aufgabe, die sich umso schwieriger gestaltet, je weiter man sich von der Zeit und der Kultur ihres Ursprungs entfernt). Jenseits des Nachtrauerns nach der Vergangenheit und der larischen Dimension des Hauses und jenseits auch jeden Ressentiments bezüglich einer »Amerikanisierung der Welt« sowie ihres utilitaristischen Modells der Behandlung der Dinge, bleibt eine ernsthafte Besorgnis bestehen, die schon Dilthey beim Namen genannt hat: dass unsere Beziehung zum »objektiven Geist« undurchsichtig und unverständlich werden und man Gefahr laufen könnte, in einem Wald unverstandener Symbole und Dinge umherzuirren, die dazu bestimmt sind, verwaist oder leblos zu bleiben. Die Befürchtung des deutschen Philosophen bezog sich darauf, dass das Individuum schließlich den Sinn der Botschaften aus der Vergangenheit verfehle und dass die historische Erfahrung dadurch verarme und unentzifferbar bleibe und so die Gegenwart weiterhin mit denselben geschichtlichen Übeln belaste.

Zum Glück aber sind die Ablagerungen des »objektiven Geistes« – dem ersten Anschein nach einfache Fossile – nicht leblos: Auch wenn sie in den Randzonen der Bewusstheitssphäre verbleiben und sie von dort aus ihren unbemerkten Einfluss ausüben, hören sie doch nicht auf, aktiv zu wirken. Dessen werden wir uns auf indirekte Weise durch die Tatsache bewusst, dass sie die Bahn der Seins-, Denk- und Empfindungsweise des Individuums »gravitätisch« krümmen (in analoger

Weise, wie auf astronomischem Gebiet die Masse eines unbekannten Planeten die Umlaufbahnen eines bekannten stört). Wenn es also gelingt, sie in das Aufmerksamkeitsfeld eines Subjekts einzubeziehen, werden die latenten Sinnschichten des »objektiven Geistes« zum Material, mit dem wir uns selbst bereichern können.

Es ist der konstante und bewusste Zugriff der Individuen – begleitet von der Energie und »Wärme« ihrer Aktivität und ihrer Interpretationsanstrengung –, der es dem »objektiven Geist« untersagt, sich zu verfestigen und in Unverständlichkeit zu erstarren. Ein solcher Zugriff ist heute dringlicher als je zuvor, insofern die Mitglieder der am weitesten entwickelten Gesellschaften – im Unterschied zu ihren Vorfahren, die in stabilere und kohärenter zusammenhängende Gemeinschaften eingebettet waren – nicht mehr in der Lage sind, eine relativ dauerhafte und geteilte »Lebenswelt« vorauszusetzen, eine »unausgesprochene Dimension«, der sie sich unhinterfragt anvertrauen könnten.[143]

Die rettende Kunst

Die jeweiligen Strategien, den Dingen Sinn zu verleihen bzw. zurückzugeben, folgen unterschiedlichen Doktrinen und kulturellen Traditionen. Ich erinnere hier an einige von ihnen, mit dem alleinigen Ziel, ihre weltumspannende Verbreitung anzuzeigen. Man denke etwa an den weisen »ideenlosen« Chinesen, der jeder vorgefertigten hierarchischen Auffassung entsagt und die gleiche Annehmbarkeit und Zulässigkeit aller Dinge prüft,[144] oder auch an Japan, wo sich eine regelrechte Verehrung der Teetasse herausgebildet hat und angelegentlich der minutiösen Teezeremonien einzig und allein Gegenstände verwendet werden, die

> »sich durch die Qualität *wabi sabi* auszeichnen, die für Armut und Wesentlichkeit steht, jedoch auch für die Fähigkeit, die vergangene und durchlebte Zeit auszudrücken«.[145]

Wenn wir zur europäischen Philosophie zurückkehren und erstaunliche Übereinstimmungen mit dem japanischen Zen-Buddhismus darin hervorheben möchten: Wie käme man umhin, hier nicht an die Haltung der heiteren Hingabe, des entspannten Fließens von Gedanken und Empfindungen zu erinnern, an die *Gelassenheit* als Seelenzustand, der die Herausbildung eines Verhältnisses zu den Dingen begünstigt, das sich nicht auf ihr schlichtes Zuhandensein beschränkt?[146]

Von den verschiedenen Wegen, die von der zeitgenössischen Philosophie eingeschlagen werden, um einer Restitution der erodierten Sinnschichten – insofern sie überflüssig oder randständig, von der Macht der Gewohnheit abgenutzt, von der Distanzierung des historischen Gedächtnisses und der Praxis einer wissenschaftlichen Verallgemeinerung betroffen sind – an die Dinge näherzukommen, scheint derjenige der Kunst der vielversprechendste zu sein. Die Kunst kann uns demjenigen näherbringen, was uns am meisten am Herzen liegt, einer besonderen Art von *pragma, causa, res*, Sache, also dem unerschöpflichen Sinnkern der Dinge, von dem her – ausgehend von der Individualität eines jeden Werkes – die darin eingeschlossene Arbeit, die Geisteskraft und die menschliche Kreativität wieder ans Licht kommen. Im Unterschied zur Mathematik, zur Physik, zur Logik oder auch zur »Philosophie als strenger Wissenschaft« ist es dabei nicht das *auto to pragma* oder die »Sache selbst«, die spricht und die sich *more geometrico* in einer unumkehrbaren und notwendigen Richtung entwickelt, sondern es sind die Bedeutungen und Symbole, die sich zunächst in unterschiedliche Richtungen verzweigen, um sich sodann in unablässig umzugestaltende Formen zu verdichten, zu gerinnen und zu bündeln. Um den von der modernen Physik und dem Denken Descartes' angestoßenen Verlust der »sekundären Qualitäten« zu kompensieren, haben einige Strömungen der Philosophie im 20. Jahrhundert daher versucht, den Sinnüberschuss zu verstehen, den die Dinge im Gebiet der Kunst sowie der alltäglichen Erfahrung aufweisen.

Im berühmten Wachs-Beispiel aus den *Meditationen* von Descartes schwinden zusehends die Empfindungsqualitäten der Dinge, und es bleibt einzig und allein dasjenige zurück, was der Geist erfassen kann. In seiner Philosophie wie auch in der klassischen Physik werden die Objekte auf eine *res extensa* reduziert, auf einen quantitativen, neutralen und homogenen Raum, den allein die *res cogitans* gemäß den Kriterien der »neuen Wissenschaft« erkennen kann. Merleau-Ponty zufolge liegt

> »einer objektiven Ontologie die Überzeugung zugrunde, daß die Arbeit der Philosophie, die über das Sein nachdenkt, darin besteht, eine Klärung des unmittelbaren Kontakts herbeizuführen, den wir zum Sein haben, in der Absicht, das zu erkennen, was solide ist, was dem Verstand widersteht. Die äußere Natur beschränkt sich also nach Descartes auf die Ausdehnung.«[147]

Obwohl er allgemein bekannt sein dürfte, lohnt es sich durchaus, den betreffenden Textabschnitt der *Meditationen* genauer zu lesen:

> »Nehmen wir z. B. dieses Stück Bienenwachs. Es ist ganz frisch aus Honigscheiben gewon-

> nen worden. Noch hat es nicht allen Honiggeschmack verloren. Ein wenig bewahrt es von dem Duft der Blumen, aus denen es gesammelt wurde. Seine Farbe, seine Gestalt, seine Größe liegen offen zutage. Es ist hart, kalt, man kann es leicht anfassen, und wenn man mit dem Knöchel darauf klopft, gibt es einen Ton von sich. Kurz, alles ist ihm eigen, was zur ganz deutlichen Erkenntnis eines Körpers erforderlich erscheint.«

Zu Beginn entfalten sich also die sekundären Qualitäten und vereinnahmen und durchtränken alle Sinne. Dann jedoch erfährt das Stück Bienenwachs eine Metamorphose, die diese sukzessive auslöscht:

> »Doch sieh da, während ich rede, kommt es dem Feuer nahe; der Rest des Geschmacks vergeht; sein Duft verflüchtigt sich; seine Farbe ändert sich; seine Form verschwindet. Es nimmt zu an Größe, wird flüssig, wird heiß, kaum kann man es noch anfassen, und schlägt man darauf, so gibt es keinen Ton mehr. [...] Das Wachs selbst nämlich war gar nicht jene Honigsüße, nicht jener Blumenduft, jenes Weiß, jene Form, jener Ton; es war vielmehr ein Körper, der mir kurz vorher in solchen, jetzt aber in anderen Zustandsweisen erschien.«

Was bleibt also übrig? »Es ist lediglich etwas Ausgedehntes, Biegsames, Veränderliches.« Alles reduziert sich auf Ausdehnung, auf das, was »in einem bloßen geistigen Einblick« zu fassen ist,

> »der unvollkommen und verworren sein kann wie vordem, oder klar und deutlich wie jetzt, je nachdem, ob ich mehr oder weniger auf seine Bestandteile achte.«[148]

Obgleich sich die Dualität von *res cogitans* und *res extensa* mit der Philosophie Spinozas auflöst, in der Gedanke und Ausdehnung die zwei Attribute der Substanz bilden (unterschiedliche, aber komplementäre Perspektiven, dieselbe Naturtotalität zu betrachten), kommt jener kartesianischen Dualität die Wirkung eines Faustkeils zu, der die europäische Kultur ein Vierteljahrtausend lang – bis fast an die Schwelle zum 20. Jahrhundert – spaltet. Im Verlauf dieser ganzen Zeitspanne werden die Empfindungsqualitäten der Dinge oftmals implizit entweder in den Bereich der Ästhetik, in die Wahrnehmungs- und Qualitätsdimension des Schönen abgeschoben (und nicht mehr nach dem antiken metaphysischen Dreiklang – mit dem Wahren und Guten verbunden gesehen)[149] oder aber, in einer zeitgenössischen Begrifflichkeit ausgedrückt, auf sogenannte *qualia* reduziert, auf die qualitativen Zustände der individuellen psychologischen Erfahrung. Sie werden damit vom wissenschaftlichen Wissen auf die Kunst und von der Objektivität in die Sphäre der reinen Subjektivität übertragen.

Die zeitgenössische Philosophie hat – in einer mitunter sterilen Polemik gegen die Wissenschaften und Techniken (und dabei auch nach seiner Publikation im Jahr 1958 das grundlegende Werk Gilbert Simondons über die technischen Objekte als Vermittler zwischen Natur und Mensch ignorierend)[150] – versucht, die Vielfalt an Qualitäten und Bedeutungen, die die Dinge aufnehmen oder abgeben können, wiederzugewinnen und ihnen auf der theoretischen Ebene das Format zurückzugeben, das ihnen Literatur, Kunst oder Historiographie immer schon zugeschrieben hatten. Sie ist sich deutlich dessen bewusst geworden, dass die Rückführung der Dinge auf die Allgemeinheit des Begriffs – geradezu als Kompensation der unbestrittenen Vorteile, die ein solches Verfahren für die Naturerkenntnis birgt – zu einer notwendigen Verarmung der Erfahrung geführt hat.

Indem sie ein tragfähiges Bündnis eingegangen sind, haben Kunst und Philosophie eine Kontrastaktion gegen eine solche Verelendung gestartet. Die Philosophie wurde so dahin geführt, der Fantasie größeren Raum zu geben oder vielmehr sich in größerem Umfang jenes Vermögens zu bedienen, das Kant »reflektierende Urteilskraft« genannt hat und das von Hannah Arendt auch in Form einer politischen Urteilskraft wieder aufgenommen wurde. Wenn wir beispielsweise eine Favela, ein Bidonville oder eine Barackenvorstadt sehen, beginnen wir, eine Reihe von Überlegungen, Gemütszuständen und Bildern miteinander zu verbinden und zu verflechten. Wir reflektieren dann etwa auf die Beschaffenheit der Armut, auf die Entbehrungen und Opfer, zu denen sie Milliarden von Menschen zwingt, oder auch auf die Ungerechtigkeit einer bestimmten sozialen Ordnung. Unser Geist verfolgt viele mögliche Wege, um schrittweise den einen oder anderen Aspekt zu fokussieren, der vom Anblick der elenden Hütten und ihrer Bewohner nahegelegt wurde. Wir bedienen uns dann der Urteilskraft als

> »jener geheimnisvollen Fähigkeit des Geistes, die das Allgemeine, das stets eine geistige Konstruktion ist, und das Besondere, das stets in der Sinneserfahrung gegeben ist, zusammenbringt«.[151]

Im Falle der Favelas zeigen uns die Dinge natürlich nicht nur Bedeutungen auf, die uns dazu führen, diese zu schätzen und zu lieben, sondern stoßen ebenso Reflexionen auf Schmerz, Elend und Ungerechtigkeit an.

Etwas Ähnliches geschieht in unserem Verhältnis zu den Dingen im Feld der Kunst. An deren Beispiel hat die Philosophie gelernt, die Transformation von Objekten in Dinge zu verstehen und ihnen den Sinnüberschuss zurückzuerstatten, der ihnen von der gewohnheitsmäßigen Vernutzung und vom objektivierenden Blick genommen wurde. Beide – Kunst und Philosophie – bekämpfen somit die Desemantisierung unserer auf eine »Wüste des Realen« abgewirtschafteten, alltäglichen Welt und laden zugleich dazu ein, jene Aura in den Dingen wiederzufinden, die sie uns, obgleich dabei ihre Ferne gewahrt wird, wieder näherbringt.[152]

Es wird jetzt möglich, das Gebiet der künstlerischen Fantasie als Atopie zu verstehen, als unklassifizierbarer und auf den Raum der *res extensa* irreduzibler Ort, der weder der Domäne der absoluten Wirklichkeit noch derjenigen der Utopie als ihr diametrales Gegenteil und als das per definitionem Nicht-Existierende angehört. Es handelt sich um einen nicht zu verortenden Bereich, in dem das zugleich kognitive wie affektive Begehren seine höchste Befriedigung findet (zumindest für die begrenzte Zeit des »Sonntags des Lebens«, auf den Hegel den Kunstgenuss festgelegt und damit den Werktagen der Arbeit und den Existenzsorgen entzogen hatte). In ihr manifestiert sich die paradoxale nahe Ferne, die vom

»unbekannten Vaterland« verkörpert wird, von dem Plotin und Novalis sprechen, oder auch von dem *arrière-pays*, wie es Yves Bonnefoy anzielt, einem symbolischen Raum, in dem wir noch nie zuvor gewesen sind, den wir aber seit jeher zu kennen meinen, so als ob es sich um ein ganzes, fremdes Land handelte, das für uns verloren und zuweilen für kurze Augenblicke lang rückerobert wird:

> »Ich denke an einen Satz Plotins – er steht in Bezug zum Einen, ich weiß jedoch nicht, ob ich ihn korrekt erinnere und wiedergebe: ›Niemand wandelte in ihm mehr wie auf fremder Erde‹«.[153]

Sollten wir mit dem Maler-Soldaten Michel Kraus aus *Le Quai des brumes* sagen: »Ich male die Dinge, die hinter den Dingen verborgen liegen«? Oder aber mit Jaufré Rudel bekräftigen: »Mon coeur n'a de joie d'aucun amour / sinon de celui que n'a jamais vécu« (»Mein Herz zieht keine Freude aus irgendeiner Liebe / wenn nicht aus der, die es niemals erlebt hat«)? Oder aber mit Goethe anerkennen: »[W]as ich besitze, seh ich im Weiten / und was verschwand, wird mir zu Wirklichkeiten«?[154] Oder aber – noch anders – die Implikationen des von Giorgio Caproni aufgestellten Paradoxes weiterverfolgen:

»Ich bin dorthin zurückgekehrt / wo ich nie zuvor gewesen war. Nichts hat sich, gegenüber dem, wie es nie war, verändert. / Auf dem Tisch (dem karierten Wachstuch) / habe ich das nie gefüllte Glas / halbiert gefunden. Alles / ist so geblieben / wie ich es niemals verlassen hatte«?[155]

Das, was man nie erlebt hat und nach dem man sich dennoch sehnt, ist die Welt des Wunsches in ihrer unerfüllbaren und dadurch eben paradoxalen nahen Ferne oder fernen Nähe: Sie eröffnet sich uns, wenn wir in ihrer Fülle und Gesamtheit vergeblich dasjenige erfassen möchten, was uns zu verstehen und ergreifen emotiv am nächsten am Herzen liegt, die *quaestio*, die am dringlichsten zu besprechen wäre, die uns jedoch stets entgeht und allenfalls in Andeutungen zur Erscheinung kommt.

Wir wohnen einem ähnlichen Seelenzustand bei – der in seiner ganzen Rätselhaftigkeit eigentlich ziemlich gewöhnlich ist –, wenn wir einen bekannten Ort verlassen:

»Jeder kennt doch das Gefühl, in seinem bewußten Leben etwas vergessen zu haben, das nicht mitkam und klar wurde. Deshalb erscheint auch oft so bedeutend, was man eben jetzt sagen wollte und einem entfallen ist. Und verläßt man ein Zimmer, in dem man länger gewohnt hat, so sieht man sich sonderbar um, bevor man geht. Auch hier blieb noch etwas zurück, auf das man nicht kam. Man nimmt es ebenso mit und fängt woanders damit an.«[156]

Ebenso gibt es viele andere Situationen, in denen es uns scheint, als dass wir der von den Dingen abgesonderten Botschaften Herr würden, ohne sie jedoch am Ende je ganz erfassen zu können. Das Ziel entzieht sich und lässt hinter sich die Unruhe und das Unbehagen eines nicht gehaltenen Versprechens zurück, den Sinn für eine nicht auszulotende Dichte der Welt, die auch das Echo unserer eigenen Tiefe darstellt. Wie in einem Rebus scheinen die Botschaften, welche die Dinge mit ihren baudelairschen *confuses paroles* aussenden, latente und rätselhafte Sinnkerne zu aktivieren, die derart überschüssig und unbändig sind, dass sie aufseiten des sie erspürenden Subjekts ein volles Verstehen unterbinden. Sie befinden sich nämlich allzu nah an der Quelle des Denkens, an den Tiefenschichten der Fantasie sowie an den Unruheherden der Leidenschaften, aus denen sie aufsteigen und, von denen ausgehend, sich die Begriffe, Bilder und Gefühle verzweigen.

Was ist uns entgangen? Was ist uns geblieben? Der Eindruck einer ungesättigten Erfahrung wie viele andere auch, jedoch insbesondere der Eindruck, dass der Sinn der wichtigsten Lebensereignisse an die Dinge und Orte ihres Geschehens gebunden bleibt. Ein solcher Eindruck lässt sich auch mit den unbedarften Kinderfragen (oder auch derjenigen der Erwachsenen in ihren Mußestunden) danach verbinden, wie die Dinge denn erscheinen, wenn wir abwesend sind. Kinderfantasien von Objekten, die sich des Nachts – wenn wir sie schlafend mit sich alleine lassen – beleben, kehren in Märchen häufig wieder. Hans Christian Andersen zum Beispiel erzählt in *Der standhafte Zinnsoldat* davon, wie die Objekte in den Nachtstunden ein Eigenleben zurückgewinnen:

> »Nun fing das Spielzeug an zu spielen, sowohl ›Es kommen Fremde!‹ als auch ›Krieg führen‹ und ›Ball geben‹; die Zinnsoldaten rasselten in der Schachtel, denn sie wollten mit dabei sein, aber sie konnten den Deckel nicht aufheben. Der Nußknacker schoß Purzelbäume, und der Griffel belustigte sich auf der Tafel«.[157]

Auch der Zeichentrickfilm *Toy Story* von 1995 zeigt eine Versammlung von Spielzeugen, die von ihren Regalen heruntergestiegen sind und nun die Möglichkeit diskutieren, dass einige von ihnen von ihrem jungen Besitzer entsorgt werden könnten. Man hat im leisen Verdacht einer »Beseelung des Anorganischen« das »Unbehagen des Menschen angesichts von Gegenständen, die dieser selbst auf ›Schein-Dinge‹ reduziert hat«,[158] gesehen, doch müsste man dem positiv gewendet noch hinzufügen, dass es sich dabei auch um die Anstrengung handelt, ihnen dasjenige zu restituieren, was die Vorherrschaft von Gebrauchs- und Tauschwerten ihnen zuvor genommen hatte.

Der Rücken der Dinge

Die Philosophie des 20. Jahrhunderts hat mit ihren Reflexionen zur Kunst und insbesondere zu einzelnen Kunstwerken den Dialog zwischen Dingen und Personen neu eröffnet. Heidegger ist mit seinen berühmten Analysen der von van Gogh gemalten Bauernschuhe einer der umstrittenen Protagonisten dieses wieder in Gang gebrachten Austauschs gewesen. Im Bild haben die Schuhe ihre Funktionalität verloren, dienen nicht mehr zu ihrem alltäglichen Zweck, sind kein schlicht zuhandener und gebrauchsfertiger Gegenstand mehr. Doch sie teilen einen Kern an Bedeutungen mit – der von Mal zu Mal erschlossen und damit innerlich konstitutiv für das Dargestellte wird –, der nur aufgrund des Entzugs des Gegenstandes aus der Unmittelbarkeit seiner schlichten Gegenwärtigung freigelegt werden kann. Heidegger führt das in bildschöpferischer Prosa vor:

»In der derbgediegenen Schwere des Schuhzeuges ist aufgestaut die Zähigkeit des langsamen Ganges durch die weithin gestreckten und immer gleichen Furchen des Ackers, über dem ein rauher Wind steht. Auf dem Leder liegt das Feuchte und Satte des Bodens. Unter den Sohlen schiebt sich hin die Einsamkeit des Feldweges durch den sinkenden Abend. In dem Schuhzeug schwingt der verschwiegene Zuruf der Erde, ihr stilles Verschenken des reifenden Korns und ihr unerklärtes Sichversagen in der öden Brache des winterlichen Feldes. Durch dieses Zeug zieht das klaglose Bangen um die Sicherheit des Brotes, die wortlose Freude des Wiederüberstehens der Not, das Beben in der Ankunft der Geburt und das Zittern in der Umdrohung des Todes. Zur *Erde* gehört dieses Zeug und in der *Welt* der Bäuerin ist es behütet. Aus diesem behüteten Zugehören ersteht das Zeug selbst zu seinem Insichruhen.«[159]

Das Bild stellt in Wirklichkeit die Schuhe von van Gogh selbst und nicht die einer Bäuerin dar: Es handelt sich vielmehr um

»einen Gegenstand, der vom Künstler als wichtiger Teil seiner selbst erlebt wurde, um einen Gegenstand, in dem sich der Maler betrachtet wie in einem Spiegel«.[160]

Wenn Heidegger dieses Bild somit auch verfälscht wiedergibt und interpretiert, so wird doch deutlich, dass die Dinge im Kunstwerk in einem neuen Lichte erscheinen und sich wieder mit kognitiven und affektiven Bedeutungen aufladen, die in ihrem Gebrauchs- und Tauschwert nicht mehr enthalten waren. *Res ipsa loquitur* durch die Vermittlung des Werkes, wie es in prominenter Weise in der griechischen Welt der klassischen Zeit geschah, wo

> »die Bau- und Bildwerke der großen Meister *selber sprachen*. Sie sprachen, d. h. sie zeigten, wohin der Mensch gehöre, sie ließen vernehmen, von woher der Mensch seine Bestimmung empfange.«[161]

Im Bereich der phänomenologischen Tradition hat Maurice Merleau-Ponty seinerseits beispielhaft veranschaulicht, auf welche Weise die Malerei dazu fähig ist, dem Denken die Modi aufzuzeigen, »sich den Dingen als solchen und sich selbst zuzuwenden«,[162] um ihnen jene Sinnpluralität zurückzugeben, die der Reduktionismus naturalistischer Herkunft ausgelöscht oder zumindest verdeckt hatte. Er hat gezeigt, wie die Malerei uns auf metaphorische Weise sowohl das Unsichtbare im Sichtbaren als auch – um einen Ausdruck Ernst Blochs zu verwenden – den »Rücken der Dinge« erahnen lässt, der jenseits ihrer Oberfläche hindurchscheint:

> »Vorn ist es hell oder hell gemacht, aber kein Mensch weiß noch, woraus der *Rücken* der Dinge besteht, den wir allein sehen, gar ihre *Unterseite*, und worin das Ganze schwimmt. Man kennt nur die Vorderseite oder Oberseite ihrer technischen Dienstwilligkeit, freundlichen Eingemeindung«.[163]

Der Maler vermag die Welt auf eine stärker artikulierte und tiefere Weise zu sehen als diejenigen, die einen solchen Blick niemals eingeübt und verfeinert haben, der in einem jeden von uns »die sichtbaren Dinge einhüllt, abtastet und sich mit ihnen vermählt«. Ein solcher Blick, »so als gäbe es zwischen ihnen und ihm eine Beziehung der prästabilierten Harmonie, so als wüßte er von ihnen, noch bevor er sie kennt«, stellt Situationen her, in denen die Sachen selbst zu sprechen und uns anzublicken scheinen, und zwar in einem Maße, dass nicht mehr ohne Weiteres auszumachen ist, wer da sieht und wer gesehen wird: »Man kann schließlich nicht sagen, ob der Blick oder die Dinge die Oberhand haben«.[164] In der geübten Wahrnehmung und in der Malerei gehen die Dinge in uns ein und wir in die Dinge, insofern ihre *connaissance*, ihre Erkenntnis, eine *con-naissance* bedeutet, ein gleichzeitiges Geborenwerden von Subjekt und Objekt. Cézanne war beispielsweise dazu in der Lage, die Dinge aus der Opazität des alltäglichen Sehens hervorquellen zu lassen und zuzulassen, dass sich diese ausdrücken, ohne sich dem zu widersetzen, indem er sie quasi zur Welt kommen und sie aus einem Hintergrund heraus den Augen erscheinen ließ, so wie es auch geschah, als er schließlich seinen uralten Wunsch verwirklichte, »ein Tischtuch, weiß wie frisch gefallener Schnee, auf dem sich symmetrisch die von blonden Brötchen gekrönten Gedecke erheben«, zu malen. Technisch gesehen kann ihm dieses Vorhaben gelingen, insofern er

> »dem sich wölbenden Rand des Gegenstands mit einer Farbmodulation [folgt] und mit blauen Strichen *mehrere* Konturen [markiert]. Dem zwischen ihnen hin und her pendelnden Blick bietet sich dann eine Kontur in statu nascendi dar, ganz so wie es in der Wahrnehmung geschieht.«[165]

Mein Körper ist ein Teil der Welt,

> »da er aber sieht und sich bewegt, hält er die Dinge in seinem Umkreis, sie bilden einen Anhang oder eine Verlängerung seiner selbst, sind seine Kruste und bilden einen Teil seiner vol-

len Definition, wie auch die Welt aus eben dem Stoff des Körpers gemacht ist. Diese Verkehrungen und Antinomien sind verschiedene Arten, zu sagen, daß das Sehen mitten aus den Dingen heraus geschieht, da, wo ein Sichtbares sich anschickt zu sehen, zum Sichtbaren für sich selbst durch das Sehen aller Dinge wird und die ursprüngliche Einheit des Empfindenden mit dem Empfundenen besteht wie die des Wassers im Eiskristall.«[166]

Im Sehen fallen Aktivität und Passivität zusammen und deshalb, so füge ich hinzu, kann sich die Sache selbst in ihm ausdrücken.

Drittes Kapitel
Bewegt-Leben

Die Dinge lieben

Ein ausgezeichnetes Beispiel dafür, wie die Kunst nicht nur die sekundären Qualitäten der Objekte wahrt, sondern die Objekte darüber hinaus auch in Dinge verwandelt, liefert die Gattung des Stilllebens (in anderen Sprachen auch: *stilleven* oder *still life*, stets jedoch handelt es sich um »Leben« und nicht etwas Lebloses), insbesondere ihre spezifisch niederländische Ausprägung im 17. Jahrhundert.[167]

In ihr erreicht der mimetische und illusionistische Verismus einen äußersten und extrem verfeinerten Punkt, erschöpft jedoch den Sinn des Bildes nicht. Unter ihrer materiellen Schale aus Leinwänden, Tafeln, Bildern und Farben verbergen die gemalten Dinge präzise und kodifizierte symbolische Werte (und Symbole verbinden ihrer Natur nach das dargestellte Sichtbare mit dem abwesenden Unsichtbaren, wie zum Beispiel die Trauben auf das Blut Christi verweisen oder die Austern auf die sexuellen Lüste anspielen).

Die Pflanzen, Früchte und Schnittblumen, das Wild, die Fische und Krustentiere, all das sind Dinge, die zur Freude und zum Vergnügen der Menschen gemalt wurden. Sie scheinen sich noch in der Schwebe zwischen vergänglichem Leben und Tod zu befinden, zwischen ihrer festen, sichtbaren Form und der schwindenden Perspektive ihres nahenden Verzehrs oder Zerfalls. Zusammengenommen zeugen sie von der Vielfalt der Lebensfreuden sowie dem Wunsch, von ihnen Gebrauch zu machen, bevor es zu spät ist, von der Befriedigung aller fünf Sinne und ihrer fortschreitenden Schwächung, von den glücklichen Augenblicken und ihrem Verfließen, von der Nützlichkeit der Alltagsgüter und ihrer Vergänglichkeit (diesen letzten Aspekt hebt die Barockmalerei – und innerhalb ihrer, wenn auch in verschwindend geringem Maße, auch die holländische – durch die Präsenz von Totenschädeln oder einer Seifenblase, dem Sinnbild des *homo bulla*, hervor oder auch durch die Anwesenheit kurzlebiger Tiere wie Stubenfliegen, Libellen, Schmetterlingen, Nachtfaltern, Heuschrecken oder Tausendfüßlern).

Der Begriff *stilleven* bildet sich in Holland heraus und findet sich das erste Mal in um 1650 niedergelegten Inventaren. Der Künstler und Kunstschriftsteller Joachim von Sandrart spricht im Jahr 1675 von ihnen als von »stillstehenden Sachen«.[168] Diesem Genre zuzurechnende Maler, die zuvor

»Rhoprografen« hießen (von *rhopros*, minderwertige Waren, die von Vasari mit »kleinen Dingen« übersetzt wurden,[169] die man jedoch nach dem Ausdruck von Illica und Giacosa im Libretto der *Madame Butterfly* von Puccini auch mit »bescheiden-schlichte Dinge« wiedergeben könnte), gab es jedoch bereits mindestens seit dem 3. Jahrhundert v. Chr. Die römische Wandmalerei und Mosaikkunst bieten etliche Beispiele dafür, so etwa die Fruchtschale von Boscoreale, die sich heute im New Yorker Metropolitan Museum befindet.

In der Neuzeit kann das Tafelbild *Zwei Blumenvasen* des deutschen Malers Ludger tom Ring von 1562 als ein Neuanfang betrachtet werden. Gleichwohl setzt sich das Genre, insbesondere mit Caravaggio und Arcimbolo, dann vor allem in den lombardischen Gebieten Norditaliens durch. Von hier aus verbreitet es sich sodann in ganz Europa und triumphiert in Holland unmittelbar nach 1600 (ein Datum, das seine Geschichte von der sogenannten »Vorgeschichte« trennt). Die holländischen Maler gaben, wie beobachtet wurde, die Erfindungen und Ideen der Italiener »auf eine direktere und sinnlich realistischere Weise wieder«.[170] Von da an sollte dem Stillleben ein dauerhafter Erfolg beschieden sein, der bis in die Gegenwart hinein anhält: Man denke für das 20. Jahrhundert etwa an Matisse, Picasso, De Chirico, Morandi, Warhol und Lichtenstein.

Das Genre des *stilleven*, was unbewegliche (oder stille) Natur bedeutet, versammelt eine Gruppe ausgewählter und von einem Maler zu seinem Thema auserkorener Dinge, die ihren Kontexten entnommen werden, welche zuvor auch noch die menschliche Anwesenheit eingeschlossen hatten (typisch dafür sind beispielsweise die Gegenstände, die traditionell in den die Heiligen Hieronymus und Augustinus darstellenden Bildern auftauchen). Das Objekt wird jetzt zum Subjekt, zum Protagonisten, und um seiner selbst willen betrachtet. Indem es autonom und zu einem Ding wird, das uns am Herzen liegt, ist es nicht mehr das uns als ein zu überwindendes Hindernis Entgegenstehende oder eine schnellstmöglich einzugliedernde Alterität. Wir müssen es nicht mehr unterwerfen, und zwar genau deshalb nicht, weil die Kunst es dem unmittelbaren Konsum und Daseinskampf entzieht. Die zu Dingen gewordenen Objekte sind als solche offenkundig mit keinerlei Sprache begabt, sie antworten auf unsere Fragen nicht mit (Wider-)Worten. Zunächst erscheinen sie leblos und scheinen unsere ideellen, symbolischen und emotiven Besetzungen nicht zu erwidern. Wenn man sie jedoch auf eine aufmerksame und nicht oberflächliche Weise betrachtet und unseren Analphabetismus ihnen gegenüber aufgibt, lassen sie uns in ihrem Namen sprechen und führen uns in die Richtung ihrer stufenweisen Enthüllung (oder, um den Titel eines Buches von René Girard außerhalb seines angestammten Kontextes zu verwenden: Sie veranlassen uns, der *verkannte[n] Stimme des Realen* Gehör zu schenken)[171].

Wenn man der französischen Proposition *entre* zu ihrem vollen Recht verhelfen möchte – die mit einer Doppelbedeutung belegt ist, die es weder im Italienischen noch im Deutschen gibt –, könnte man sagen, dass derjenige, der ein Bild betrachtet, sich *in* das Werk projiziert, obwohl er dabei zugleich den Abstand *zwischen* sich selbst und dem Kunstwerk wahrt. Er betrachtet das Gemälde in seinem geronnenen Leben, in seinem stummen Sprechen, in seinem unheimlichen Selbstbezug, der gleichwohl nach Anteilnahme verlangt. Die Anschauung der im Bild dargestellten Dinge ist im kantischen Sinne »uninteressiert«, setzt jedoch in Wirklichkeit – wenn man sich auf das lateinische *inter-esse* bezieht – in ihrem »Zwischen-Sein« ein Verhältnis der wechselseitigen Implikation ein. In diesem Sinne sind wir zutiefst »interessiert« an dem, was uns sowohl von der Gewohnheit befreit, die Objekte als begrifflich, symbolisch und affektiv unbedeutend zu behandeln, als auch von dem Vorurteil, dass in der leidenschaftslosen und von jeder Betroffenheit freien Kontemplation die höchste Erkenntnisform liege.

Die Malerei ist gegenüber der reinen Reproduktion von Objekten auf einer anderen Ebene zu verorten. Sie stellt hinsichtlich ihrer physischen Natur zugleich mehr und weniger dar. Indem sie die Objekte verwandelt, erzeugt sie eine paradoxale Potenzierung der Wirklichkeit. Sie lässt sie wiedererstehen, aber sie beraubt sie auch ihrer festen Konsistenz. Sie gewährt uns Eingang in eine andere, vom Bildrahmen zugeschnittene Dimension, ist »Tür der Welt«[172] und erfindet *enclaves* der Extraterritorialität und Außerzeitlichkeit, die gleichwohl in den gewöhnlichen Raum und die gewöhnliche Zeit eingelassen sind.

Das *stilleven* drängt, wenn auch langsam, das Vorurteil zurück, gemäß dem es als eine »mindere Gattung« betrachtet wurde, die sich weitab von der Geschichte, der Mythologie und den heiligen Bildern entwickelt. Sie schließt die Menschen aus, die eine höhere Würde für sich reklamieren, und stellt nicht nur die gewöhnlichen »kleinen Dinge« dar, sondern mitunter auch luxuriöse Einrichtungsgegenstände (wie Porzellan, Kristallvasen und aufwendig gearbeitete Salzfässchen). Demgegenüber sind es jedoch eher die Bilder der bescheidenen Dinge, die zu einer Wiederentdeckung des Alltäglichen beitragen.

Es scheint, als hätte man sich ausgiebig über die Worte Plotins Gedanken gemacht:

»Aber wir halten die gewöhnlichen und alltäglichen Erscheinungen einer Untersuchung nicht werth, noch kommt uns ein Zweifel daran; die außer dem gewöhnlichen Lauf der Dinge liegenden Erscheinungen hingegen erwecken uns Zweifel, wie sich ein jedes verhalte, und das Ungewöhnliche halten wir der Verwunderung werth.«[173]

Es scheint, als ob man sich an den Ausspruch Heraklits erinnert hätte, dass »auch in der Küche Götter seien«; als hätte man vor der Zeit die Einladung Nietzsches angenommen, »wieder gute Nachbarn der nächsten Dinge zu werden«; als ob man tatsächlich alle Anstrengung darauf verwendet hätte, die gewöhnlichen Dinge von ungewöhnlichen Standpunkten aus zu betrachten;[174] oder als ob man schließlich bereit gewesen sei – in Anspielung auf ein inzwischen berühmt gewordenes Buch – neben den Göttern der großen Dinge auch dem *Gott der kleinen Dinge*[175] seinen Platz einzuräumen.

Das Stillleben, das »zu privatem Genuss bestimmt ist«,[176] führt die Malerei aus feierlich-prunkvollen Umgebungen – wie Kirchen, Höfen und Palästen – in die Häuser der Kaufleute, Bankiers, Reeder, Rechtsgelehrten und Ärzte zurück (deren Porträts ihre Ernsthaftigkeit und Lebensfreude zugleich festhalten).[177] Einer der Gründe für diese Verschiebung ist darin zu suchen, dass sich die Künstler im calvinistischen Holland nicht mehr auf in Kirchen auszustellende heilige Bilder beschränken können, da diese im Allgemeinen kahl und schmucklos gestaltet sind und keine andere Verzierung erfordern als die Musik sowie die Angabe der zu singenden oder zu kommentierenden Bibelverse. Von einer triumphalen Malerei, die öffentlich den religiösen oder politischen Prunk feiert, geht man zu einer weniger anmaßenden Malerei über, die ihren Ort in der intimen Vertrautheit des Hauses findet.

Die häusliche Dimension sowie der Ausdruck von Anhänglichkeit an die weltlichen Dinge und ihre Annehmlichkeiten (die für die arbeitsamen Calvinisten keine Sünde bedeutet, sondern die – wie bekannt ist – ein indirektes Zeichen der göttlichen Gunst darstellt) verbinden sich mit einer irdischen Preisung des Wohlstands und einer Apotheose der Überfülle. In ihrem Goldenen Zeitalter stellen die Niederlande mit ihren weniger als zwei Millionen Einwohnern das reichste Land Europas dar.[178] Dank einer Form von Globalisierung *sui generis* erreichen die vielfältigsten Waren aus den abgelegensten Winkeln der Erde ihre Häfen: aufgrund eines überaus ausgedehnten Verkehrsnetzes, nämlich das von der Niederländischen Ostindien-Kompanie sowie der Niederländischen Westindien-Kompanie (die von Indonesien bis zu den Karibischen Inseln, von Formosa bis Brasilien, von Tasmanien bis Nowaja Semlja, vom aktuellen Ghana bis Suriname operierten) aufgebaut und finanziell von Investitionen eines Großteils der Bevölkerung getragen wurde, die dazu bereit war, ihr Geld im Handel und in der Schifffahrt einzusetzen und zu riskieren.

Somit ist es möglich, die im *stilleven* dargestellten Dinge auch als Symbole der Waren und ihres Umlaufs zu betrachten, der die Welt in die Niederlande bringt und die Niederlande in die Welt hinausführt. Ihre Vielfältigkeit und Qualität ist das Ergebnis des Imports von Produkten wie Weizen, Zitrusfrüchten, Wein, Eisen, Kupfer, Pelzen, Teppichen, Tabak, Tee, Pfeffer sowie anderer Gewürze und des Exports von Butter, Käse, Heringen, Porzellan oder Büchern.[179] Die Blumen, schon von der voraufgehenden malerischen Tradition besonders geschätzt, nehmen in den Niederlanden eine auch wirtschaftlich wichtige Rolle ein, wie es die verbreitete Spekulation auf Tulpenzwiebeln (1634-37) und die diese begleitende Tulpenmanie deutlich vor Augen führt.

Wenn sie auch bisweilen von der symbolischen Mahnung zu Mäßigung und Genügsamkeit begleitet werden, stellen jene Gemälde für gewöhnlich Bilder des erworbenen Überflusses sowie Vorzeichen zukünftigen Wohlstands dar. In den Niederlanden des 17. Jahrhunderts erscheint die

Allegorie der Üppigkeit – in Form einer Befriedigung der Primärbedürfnisse nach Nahrung und Getränken – in den häufig anzutreffenden Abbildern von Markthallen, Küchen und Metzgereien, wo sich Ochsen und geviertelte Schweine, Geflügel und Wildbret, Früchte, Fische und Krustentiere, Bierkrüge und Weingläser im rechten Licht zur Schau stellen. Das Elend des *Simulus* im *Moretum* wird hier erklärtermaßen besiegt und vom Reichtum des Gütersortiments exorziert.

Das *stilleven* sieht unterschiedliche Typologien und Unterklassen vor, die für den Fall des Essens allesamt an das Alltagsleben mit seinen Rhythmen aus Werk- und Feiertagen gebunden sind: an das bescheidene Frühstück (*ontbijtije*), das normale Frühstück (*fruytag*), das *banket*, die Zwischenmahlzeit, die mehr oder minder üppige Brotzeit oder auch an die pomphaft gedeckten Speisetafeln (meist in komplexen Kompositionen mit glänzenden Farbnuancierungen ausgeführt, den sogenannten *pronkstilleven*). Ferner sind in ihnen als Anspielung auf die anderen, den Geschmackserlebnissen zur Seite tretenden Sinnesfreuden auch Blumenkompositionen, Tabakspfeifen und Rauchwaren, Musikinstrumente und Bücher präsent. Es sind sogar Gemälde auszumachen, die das Stillleben selbst in Form von Bildern an den häuslichen Wänden darstellen, wie etwa das *Interieur mit Jacke auf einem Stuhl* von Cornelis Bisschop (Gemäldegalerie Berlin), in dem über dem Stuhl ein Hummer neben einem Weinkelch thront.

Im *stilleven* werden die Dinge auf ihrem *toppunt* gezeigt, das heißt im Moment ihrer vollkommenen Reife, der vollen Entfaltung ihrer Qualitäten: in ihrem Zenit und vor ihrem unvermeidlichen Verderben. Sie teilen damit das Schicksal all dessen, was geboren wird und sterben muss; die Malerei jedoch lässt die Dinge dauerhaft werden und befestigt sie in ihrem stillen Beharren. Sie werden von ihrer vorübergehenden Vorläufigkeit befreit, und ihr Genuss – den ihr unmittelbarer Verzehr in Form von Nahrung, Getränken, Rauch, Musik oder Lektüre verspricht – wird potenziell unendlich auf den Blick eines jeden möglichen zukünftigen Nutznießers ausgedehnt.

Die Dinge werden erhöht, »geheiligt« sagt Ortega y Gasset mit Bezug auf die Bilder Rembrandts, in denen sie in ihrer ganzen Alltäglichkeit aufscheinen, umglänzt von einem nahezu übernatürlichen Licht:

> »Auf Bildern von Rembrandt begegnet es einem nicht selten, daß irgendein schlichtes weißes oder graues Tuch, irgendein alltäglicher Haushaltungsgegenstand in eine Atmosphäre flimmernden Lichts getaucht ist, wie sie bei anderen Malern nur die Stirn von Heiligen umfließt. Und es ist, als sagte man uns in zart er-

mahnendem Tone: Geheiligt seien die Dinge! Liebet sie, liebet sie.«[180]

Die Dinge heiligen, heißt – nicht nur und nicht einmal in besonders ausgeprägter Weise bei Rembrandt –, sich dem *contemptus mundi* entgegenzustellen, der sie zu Vergänglichkeit und Unbedeutsamkeit verurteilt, und ihnen auf symbolische Weise den Fluch des Flüchtigen zu nehmen. Genau darin liegt die der Kunst eigene Art und Weise – im Unterschied etwa zur Wissenschaft – die Phänomene in ihrer Individualität »zu retten«, sekundäre Bedeutungen und Qualitäten wieder einzuführen, jeden noch so flüchtigen Moment zu vollenden, indem sie ihn der unerbittlichen chronologischen Abfolge entzieht und so weit wie möglich aus dem Zyklus des Werdens und Vergehens befreit. Auf diese Weise wird die Vorrangstellung des *respice finem* angegriffen – die Tendenz, die Gegenwart melancholisch in eine Zukunft der Zerstörung voraus zu projizieren – und die Gegenwart in all ihrer Herrlichkeit ergriffen, in der ganzen Fülle ihres Erscheinens.

In der malerischen Darstellung (wesentlich später jedoch auch in der Fotografie und im Film) werden die Dinge in einen anderen Raum transponiert, in ihrer Zeit unterbrochen und – in größtmöglichem Ausmaß – vor dem Vergessen geschützt sowie vor Verfall und Tod bewahrt. Im Porträt sodann verkettet sich der Blick der dargestellten Person mit dem unsrigen und zieht uns in das Jenseits seiner Oberfläche.

Ein explizites und bewegendes Beispiel dafür bietet ein im Stadtmuseum von Cremona ausgestelltes Porträt – ein Werk des »Genovesino« genannten Luigi Miradori –, das ein vorzeitig verstorbenes Kind darstellt. Der Knabe, Sigismondo Ponzone, steht aufrecht und hält mit seiner rechten Hand einen Hund am Halsband, während er mit der linken dem Betrachter eine Schriftrolle entgegenstreckt: »Vater, der Du / an meiner Formung Deinen Anteil hattest / nimm' mich auch jetzt an / von der Kunst / weiter umgebildet«.[181]

Zwischen Ewigem und Vergänglichem

Die stillschweigenden Anstrengungen, um Männer und Frauen an den zunehmenden Anteil von Kontingenz im sozialen Leben sowie an die Beschleunigung der historischen Zeiten zu gewöhnen, schlägt in den Niederlanden des 17. Jahrhunderts gegenüber der Barockkultur katholischer Nationen wie Spanien und Italien eine andere Richtung ein. Gewiss fehlt es auch dort nicht an Ängsten vor den Unwägbarkeiten der politischen und militärischen Situation, welche die Einwohner vor gewaltige Bewährungsproben stellen. Im

Inneren brechen die Spannungen zwischen den Söldnern des Statthalters Wilhelm von Oranien und denjenigen des Ratspensionärs Johan de Wit aus. Letzterer sowie dessen Bruder Cornelis werden diesen Spannungen zum Opfer fallen und im *ramjaar* 1672, dem Jahr des Grauens, von der wütenden Volksmenge gelyncht und grausam verstümmelt. Auf internationalem Feld hatte die Bevölkerung in etwas mehr als einem Jahrhundert den im Jahr 1568 begonnenen und formal erst 1648 beendeten Achtzigjährigen Krieg gegen Spanien, den zwischen 1652 und 1672 stattfindenden Krieg gegen England um die Kontrolle der Seewege und schließlich den im Juni 1672 beginnenden Krieg gegen Frankreich zu bestehen, der mit dem Frieden von Nimwegen 1678 ein Ende fand, als die Republik der Sieben Vereinigten Niederlande sich gezwungen sah, die Dämme aufzulassen und einen Großteil des Landes zu fluten, um so die vorrückenden Truppen Ludwigs XIV. aufhalten zu können.

Diese Konflikte entladen sich im Allgemeinen jedoch nicht in schmerzlichen Bildern des Todes. Die angstvolle Unruhe wandelt sich vielmehr in eine gelassene Akzeptanz von Gefahr und Vergänglichkeit. Eben weil sie dadurch zu geteilten Leiden werden, scheinen sie in einem Land der stolz dem Meer abgerungenen Siedlungsgebiete weniger bedrohlich. Die Freude an den Dingen des Lebens hängt nicht nur mit der Tatsache zusammen, dass der niederländische Calvinismus aus dem relativen Reichtum ein Zeichen der Gunst Gottes gegenüber den Geretteten macht (eine Gunst, die – im Unterschied zum Katholizismus – unabhängig von den vollbrachten Werken und der in der Beichte zum Ausdruck gebrachten Reue ist). Und sie ist auch nicht nur vom Reichtum bedingt, der vom arbeitsamen Fleiß der Bürger in den unterschiedlichen Korporationen sowie den verschiedenen Wirtschaftsbranchen hervorgebracht wird, sondern hängt wesentlich an einem umfassenden Ethos, der das Leben dem Tod und den *toppunt* der Dinge ihrer Vanitas gegenüberstellt.

Aus verschiedenen Gründen wird die Funktion von Kontingenz und Vergänglichkeit im katholischen Barock hingegen mit viel größerer Dramatik erlebt. Einer von ihnen hängt auf der philosophischen Ebene mit der Tatsache zusammen, dass sich gerade in dieser Zeit die traditionelle Ontologie – ein ironischerweise erst 1613 geprägter Begriff – aufzulösen beginnt. Die Begriffe von Substanz und Essenz beginnen zu bröckeln, und im Umkehrschluss fangen die »Modi«, die »Akzidenzien«, die Beziehungen und Auffassungsweisen an, größeres Gewicht zu erlangen als der vermeintlich unwandelbare und intelligible Kernbestand der Entitäten.[182] Das, was zuvor als sekundär, akzessorisch und kontingent angesehen wurde (als frei von Notwendigkeit, insofern es sein und auch nicht sein kann), wird jetzt primär. Parallel dazu gewinnt der symbolische Aspekt die Oberhand über den materiellen, die Art und Weise des Erscheinens von Dingen und Personen schlägt auch auf ihre innere – und jetzt nurmehr vorgebliche – »Substanz« durch. Zudem erscheint die Zeit eher in ihrer unersättlichen Gefräßigkeit, im Akt des Aufzehrens ihrer gerade durchlebten Phasen, als in ihrer Fähigkeit, sich zu erneuern und von Mal zu Mal erneuert wiedergeboren zu werden.

Im Zeichen der Vanitas werden die Gegenstände nicht *sub specie aeternitatis*, sondern in ihrer Vorläufigkeit und Übergangsgestalt betrachtet. Im *stilleven* hingegen wandeln sich die Dinge – um einen Ausdruck Jeanne Herschs in einem anderen Sinne zu gebrauchen – zu »Miniaturen der Ewigkeit« und eröffnen einen »Durchgang in der Zeit« hin zum Absoluten, das von der Tangente zwischen Werden und Ewigkeit berührt wird und erahnen lässt, wie viel in dem bleibt, was vergeht.[183] Das Ephemere tendiert, insofern es in der Kunst zu einem Unbeweglichen und Unbewegten wird und sich vom Bereich des Werdens trennt, in dem die Gegenstände unvermeidlich dazu bestimmt sind, zu verschwinden, auch in der Malerei dazu, sich zu verewigen. Das Kunstwerk hilft dabei, die im Ausdruck »Leben der Dinge« enthaltene augenscheinliche Widersprüchlichkeit weiter aufzulösen, insofern das »Leben« als dasjenige, was geboren wird und sterben muss, in den vom Stillleben dargestellten Dingen bleibt und fortbesteht.

Die holländische Malerei erbt – wie reflektiert und bewusst das geschieht, vermag ich nicht zu beurteilen – die traditionelle philosophische Bedeutung des Begriffs der »Ewigkeit«. Uns hingegen, die wir daran gewöhnt sind, Ewigkeit in ihrer zeitlichen Funktion zu denken und also als ewig lange, unendlich lange Zeit aufzufassen, ist sie indes nicht mehr geläufig. Das griechische *aion* hingegen oder auch die lateinische *aeternitas* besitzen überhaupt keinen Bezug zur Dauer (*aidiotes*). Sie beziehen sich zuallererst auf das Leben und seine Flüssigkeiten – wie die Samenflüssigkeit, die Tränen oder auch das Rückenmark[184] –, sodann auf die den Menschen von den Göttern zugemessene Lebensdauer,[185] und schließlich auf die Fülle des Lebens im Allgemeinen. Diese letzte Bedeutung ist bei Plotin vorherrschend, wenn er das *aion* als *zoe* und genauer noch als *zoe en stasei*, »Leben in der Ruhe und Unveränderlichkeit« bestimmt.[186]

Plotins Definition wird von Boethius aufgenommen und präzisiert, der die Ewigkeit als *plenitudo vitae* bezeichnet,[187] und sodann vom lutherischen Bischof Hans Lassen Martensen im 19. Jahrhundert in einer Variante umformuliert, die die Aufmerksamkeit von Borges auf sich gezogen hat: *Aeternitas est merum hodie, est immediata et lucida fruitio rerum infinitarum* (»Die Ewigkeit ist ein reines Heute, die unmittelbare und klare Nutznießung der unendlichen Dinge«). Borges fügt dem kommentierend hinzu:

> »Es trifft zu, daß sie nicht faßbar ist; aber die schlichte ablaufende Zeit ist es ebensowenig. Die Ewigkeit leugnen, annehmen, daß die Jahre, beladen mit Städten, mit Strömen und Jubelfeiern, einer weiten Vernichtung anheimfallen, ist nicht minder unglaublich als die Vorstellung ihrer totalen Errettung. [...] Das Leben ist allzu arm, um nicht auch unsterblich zu sein.«[188]

Die von Plotin entwickelte Konzeption von Ewigkeit bleibt jedoch grundlegend, insofern er sie als ausdehnungslosen Punkt bestimmt, aus dem das Leben aller Dinge ausströmt:

> »Das Leben des Seienden im Sein, in seiner völligen, ununterbrochenen, schlechthin unveränderlichen Totalität, das ist die gesuchte Ewigkeit.«

Sie ist die unerschöpfliche Quelle, welche alle Dinge unterhält und bewahrt, die stiftet und sich ausbreitet, obwohl sie dabei stets sich selbst gleich bleibt; sie ist die einheitliche, erzeugende Energie der Vielheit (*hen-polla* im Gegensatz zum Einen, *hen-hen*). Die menschliche Seele ist der Knotenpunkt, der Zeit und Ewigkeit zusammenhält: Sie ist dazu in der Lage, in Richtung der in sich selbst artikulierten »Einheit-Vielheit« hinaufzusteigen, um sodann mit dem Einen zu verschmelzen oder auch zu verfallen, niederzugehen und sich im Kontingenten und Ephemeren zu zerstreuen. Man könnte behaupten, dass das Leben der Dinge im Rahmen der plotinischen Metaphysik das Hervorquellen der Vielheit aus dem *aion* darstellt, das an der Stabilität teilhat, ohne selbst Stabilität zu sein:

> »Demnach ist die Ewigkeit nicht das intelligible Substrat, sondern gleichsam das von dem Substrat ausströmende Licht seiner Identität, die es in Betreff des nicht erst Zukünftigen, sondern bereits Seienden verbürgt, dass es so und nicht anders sei.«[189]

Die Zeit hingegen repräsentiert den Moment des Entstehens und Vergehens der Seienden, ihre – nach dem Spruch des Anaximander – dafür »zu zahlende Buße«, dass sie sich von der Ewigkeit, von der Lebensfülle losgelöst haben, obwohl sie diese nachzuahmen suchen. Die Zeit bedingt demnach eine Lebensblutung, einen Verlust. Sie ist Armseligkeit (*egestas*, würde Boethius sagen),

Bedürftigkeit, das unnütze Verfolgen einer erahnten, jedoch unerreichbaren Fülle.

Was aber ist nun jene *zoe en stasei* – jene Lebensfülle auf ihrem *toppunt* –, wenn nicht das der Zeit des Verfallens und der Armseligkeit entzogene *stilleven*?

Alle Gesichter Rembrandts

Als Charakteristikum der niederländischen Malerei des 17. Jahrhunderts hat man die Aufmerksamkeit für Individualität sowie für intuitiv in ihrer unwiederholbaren Natur eingefangene Dinge ausgemacht. Ebenso wurde in diesem Zusammenhang beiläufig auf mögliche Ähnlichkeiten zwischen der Malerei Vermeers und der Philosophie Spinozas angespielt.[190] Schon Simmel hatte jedoch in Bezug auf die Porträts und Selbstporträts von Rembrandt entschieden auf ein Primat der Individualität hingewiesen (wenn sich Rembrandt auch nur äußerst selten dem *stilleven* gewidmet hat, so hat man doch zumindest das *Mädchen mit toten Pfauen* von etwa 1639, heute im Rijksmuseum Amsterdam, zur Kenntnis zu nehmen).

Rembrandt fertigte in seinem Leben etwa achtzig Selbstporträts an, mit denen er wie in einer Art von illustriertem Tagebuch die allmählichen Verwandlungen seiner Gestalt festhielt. Vom ersten

Bild an, mit dem er sich selbst darstellt – der *Steinigung des Heiligen Stephanus* von 1625 –, bis hin zu seinen letzten Bildern aus dem Todesjahr 1669 bildete sich Rembrandt in über vierzig Jahren mit unterschiedlichen Ausdrucksformen und Techniken immer wieder selbst ab. Unter den aussagekräftigsten Gemälden befindet sich sicherlich das Ölbild von 1628 (Alte Pinakothek München), in dem man sein Gesicht unter einem strubbeligen, in einer gewaltigen Locke zusammengerafften Haarbüschel nahezu erraten muss, das mit seinen Schatten die auf enge Schlitze reduzierten Augen bedeckt; ferner die drei Radierungen von 1630 (Rembrandthaus Amsterdam), die ihn mit verärgertem Gesicht zeigen, mit weit aufgerissenen Augen und übermütiger Miene; die Zeichnungen, Stiche oder Gemälde, die ihn als Soldat, als Bettler, als Heiligen, Orientalen oder als Edelmann mit goldener Kette, Pelzen und bestickten Gewändern oder auch mit Kopfbedeckungen unterschiedlichsten Stils zeigen. Aus der letzten, zwischen 1660 und 1669 entstandenen Serie von Selbstporträts aus seinem Alterswerk, das von Trauer, Armut sowie der erbarmungslosen Grabungsarbeit gezeichnet ist, welche die Zeitläufte und die Erkenntnis des Schmerzes in seinem Gesicht verrichtet haben, stechen das *Selbstporträt mit Palette und Pinseln* von 1662 (Kenwood House, London) sowie das *Selbstporträt mit gefalteten*

Händen von 1669 (National Gallery, London) heraus.[191]

In all diesen Gemälden und Stichen wohnt man einer Aufschichtung unterschiedlicher Zeitabschnitte bei, einer allmählichen Ablagerung von Vergangenheit, welche die Existenzrhythmen eines Individuums skandieren, das sich unentrinnbar der fortschreitenden Zersetzung durch die Zeit und dem endgültigen Triumphs des Todes ausgesetzt weiß. In diesen Werken bringt Rembrandt mit der Intensität seines Blickes die Vergangenheit wieder ins Spiel, er lässt sie ans Licht kommen und enthüllt sie in ihren sukzessiven Verschleierungen, indem er von Mal zu Mal ihre Präsenz kenntlich macht. Indem er die Zeit verräumlicht, verwandelt er die Sequenzen eines Prozesses in Gleichzeitigkeit, und indem er das Licht, die Farben und die zeitlichen Rhythmen aus dunklen Gründen hervortreten lässt, überlassen sich diese in sanften Wellenschlägen den Ufern des Sichtbaren.

Kein anderer Maler hat den Studien seiner eigenen Person derart viel Zeit eingeräumt und die Wandlungen des eigenen Gesichts ähnlich präzise registriert. Alles in diesem ist bis in die letzten Einzelheiten hinein bedeutsam: von einem Stirnrunzeln bis zu einem Verzerren der Lippen, von einem Zusammenziehen der Pupillen bis hin zu einem Erröten der Backen. Seiner Natur nach besitzt das Gesicht eine Tiefe, die sich an der Oberfläche manifestiert. Zeit und Raum bestehen im Gesicht nebeneinander: Die Furchen und Falten, die das Alter, die Gewohnheiten und Ereignisse darin hinterlassen haben, enthalten und erzählen eine Geschichte. Sie stellen den Niederschlag der Geschehnisse und Seelenzustände dar, die sich in den Charakter und die physiognomischen Züge verwandelt haben. Im Gesicht eines Menschen kristallisiert sich die Zeit der Abfolge im Raum einer gleichzeitigen Anwesenheit. In den Gemälden vergeht das Werden in einer unbeweglichen *res extensa*, die jedoch weiterhin sekundäre Qualitäten und symbolische Werte bewahrt.

Mehr als jeder andere hat Rembrandt mit seinen Selbstporträts gezeigt, wie sich im Gesicht ein Maximum von menschlicher Zeit in einem Minimum an Raum konzentriert und sich in Bildern entfaltet, die von seinem stufenweisen Verfallen Zeugnis ablegen. Nach und nach akzentuiert er die Zeichen der entweihenden Distanz, die das Vergehen der Jahre im Vergleich zum Augenblick, in dem das vorhergehende Porträt entstanden ist, in seinem Gesicht hinterlassen hat. Aus diesem Blickwinkel heraus können die betreffenden Bilder und Drucke einerseits als Dokumente der Individualität in ihrem vielgestaltigen, zeitlichen Erscheinen betrachtet werden und andererseits als Oberflächen, die in ihrem Entbergen oder Verbergen von bestimmten Gedanken und

Leidenschaften interpretiert werden können. Wir haben uns an eine gewisse Kartographie der Gesichter gewöhnt, da wir von unserer Kindheit an nach und nach die Fähigkeit erworben haben, ihre Züge zu entziffern. Sind wir aber in vergleichendem Maße dazu fähig, die Zeichen der Zeit und die unscheinbaren Variationen an den Dingen abzulesen, die das Licht, die Farben und die Formen – vorüberziehend – in ihnen hinterlassen? Haben wir ausreichend lange und intensiv versucht, auch noch die geringfügigsten Veränderungen zu erfassen, die das aus dem Dunkel auftauchende Licht des Sonnenaufgangs den Dingen auferlegt? Haben wir mit genügend Aufmerksamkeit die unmerkliche oder auch brüske Änderung der Farben und das sich Wiederzusammenfügen von Bildern und Schatten zu unterschiedlichen Tageszeiten beobachtet, wie es Monet getan hat, als er die Getreidegarben malte? Haben wir die kontinuierliche Abschattung der Farbtöne bemerkt, der die Dinge aufgrund einer Verlegung des Beobachterstandpunkts im Raum unterliegen? Sind wir jemals von diesen kleinen Metamorphosen erstaunt und bewegt worden, vom alltäglichen Wunder des Zur-Erscheinung-Kommens der Dinge?

Simmel glaubte, in den Werken Rembrandts den Reflex einer »germanischen« Konzeption des »Werdens« ausmachen zu können (was nicht in einem rassistischen Sinne gemeint ist, wie es im damals weitverbreiteten Buch von Julius Langbehn entwickelt wird), die sich in einem Gegensatz zur klassischen, griechisch-römischen Tradition befindet, welche sich, Simmel zufolge, wiederum auf eine statische Metaphysik des »Seins« stützt. Wenn – wie er Goethe zitierend sagt – »die Quelle nur gedacht werden [kann], insofern sie fließt«,[192] so darf das Strömen des Lebens nicht in starre Formen eingeschlossen werden. Gemäß einer konventionellen – und beinahe karikaturhaften – Auffassung der italienischen Renaissance, scheint die marmorne Festigkeit des Renaissanceporträts allein aufgrund äußerer Einflüsse zerbrechen zu können: Bei vielen von ihnen »hat man den Eindruck, daß diesen Menschen der Tod in Form eines Dolchstoßes kommen würde, – bei den Rembrandtschen, als würde er die stetige Weiterentwicklung dieser fließenden Lebensganzheit sein, wie der Strom, indem er in das Meer mündet, doch nicht durch ein neues Element vergewaltigt wird, sondern nur seinem natürlichen, von je bestehenden Fall folgt.«[193]

In den Porträts der italienischen Renaissance hingegen erweist sich der Fluss des Werdens in einer zeitlosen und nach Idealtypen gestalteten Form eingefroren, in der sich die Individualität verliert und die Gesichtszüge eher überdeutlich erscheinen und nicht mehr nuanciert, gerade weil der Bezug auf universale Modelle ein unbedingter ist.[194] Und

> »obgleich selbstverständlich Schicksale und innere Entwicklung zu der dargebotenen Erscheinung geführt haben, so sind doch für deren Eindruck diese Momente des *Werdens* ausgeschaltet, wie die Stationen einer Rechnung da nicht in Frage kommen, wo nur nach ihrem Resultat gefragt wird.«

Rembrandt dagegen trägt

> »in die feste Einmaligkeit des Anblicks das ganze bewegte Leben ein, das zu ihr geführt hat, aber wirklich nur den mit innerer Logik *da*hin gerichteten vitalen Prozeß und seine sozusagen formale Rhythmik, Gestimmtheit, Schicksalstönung.«[195]

Die Selbstporträts Rembrandts stellen gleichwohl keine reine Ansammlung von Vergangenheit dar. Sie scheinen ebenso auch in eine unbestimmte und dunkle Zukunft zu schauen wie auf einen blinden Fleck. In einem Brief an seinen Bruder Theo von Oktober 1885 stellt Vincent van Gogh mit Blick auf Rembrandt fest: »il faut être mort plusieurs fois pour peindre ainsi« (»man muss mehrere Male gestorben sein, um so zu malen«).[196] Insbesondere in seiner letzten künstlerischen Schaffensphase verleiht Rembrandt dem immer drückenderen Gewicht des Verfalls Ausdruck, der unausweichlichen Begegnung eines jeden mit dem Tod (eine Wegstrecke, auf der ihm seine liebsten, ihm nächsten und jüngeren Mitmenschen – wie seine erste Frau Saskia, seine zweite Lebensgefährtin Hendrickje sowie sein Sohn Titus – bereits zuvorgekommen waren). In diesem Punkt unterscheidet sich sein Spätwerk vom verkörperten Ethos des *toppunts* und des *stillevens*.

Rembrandt hatte verstanden, dass der Tod dem Leben von Geburt an innewohnt, mit ihm wächst und reift, von ihm lebt; daher wahrscheinlich auch seine Vorliebe für das, was von der harten Konfrontation mit der Welt und der Zeit gezeichnet ist. Er

> »fühlte sich mächtig angezogen von allem Ruinierten; die Poesie des Unvollkommenen. Er zeichnete gern die Spuren nach, die der Zugriff des Welterlebens hinterlassen hatte: die Pickel und Pocken, die rot unterlaufenen Augen und die grindige Haut, die dem menschlichen Gesichtsausdruck einen gesprenkelten Reichtum verlichen. Das Scheckige, Skrofulöse, Befleckte und Verkrustete waren Dinge, die man sorgfältig aus der Nähe betrachten musste; Unregelmäßigkeiten, die er mit seinem Blick abtastete.«[197]

Simmels Interpretation zufolge überträgt Rembrandt auf die von ihm gemalten Dinge intuitiv das Modell des *individuellen Gesetzes*. Eine gefestigte philosophische Tradition umwendend, ist die Form für den deutschen Philosophen nämlich nicht an das Universelle gebunden, sondern an das Individuelle:

> »Form aber ist Individualität. [...] Mit dieser metaphysischen Einzigartigkeit ausgestattet, macht die Form das von ihr geprägte Materialstück zu einem individuellen, einem für sich bezeichenbaren«.[198]

Aus dieser Vorrangstellung der individuellen Form leitet sich – nebenbei bemerkt – auch die typisch simmelsche Methode ab, die man mit ein wenig Häme als »impressionistisch« zu bezeichnen und als Auswuchs einer unbestimmten und verschwommenen »Lebensphilosophie« einzuordnen pflegt, die in Wirklichkeit jedoch äußerst konsequent auf strengen theoretischen Annahmen beruht. Ein solcher Denkstil besitzt seine »skandalöse« Stärke genau da, wo er am schwächsten zu sein scheint: In der Analyse der jeder Verallgemeinerung widerstehenden Residuen und Reste, desjenigen, was weder auf die reine Innerlichkeit der Individualpsychologie noch auf die Äußerlichkeit sozialer Beziehungen reduziert werden kann.

Simmel scheint sich der Tatsache jedoch nicht bewusst zu sein – die schon in der Scholastik diskutiert und sodann von Hegel weiter ausgeführt wurde –, dass das Individuelle unaussprechlich ist: Sobald man spricht und denkt, verlieren jedes einzelne »Hier« und jedes einzelne »Jetzt« ihre Spezifizität und werden universal gültig für alle »Hier« und für alle »Jetzt«.[199] Das individuelle Gesetz Simmels scheint hingegen durch den Umstand verbürgt (der in Wahrheit nur ungenügend ausgeleuchtet wird), dass die allgemeinen Begriffe bei ihm als »Rahmen« zur Erfassung der Individualität fungieren.

Die Zustimmung Rembrandts zum individuellen Gesetz jedenfalls erscheint in den Selbstporträts rückhaltlos und ohne jegliches Residuum zu sein, insofern die Individualität die Kontingenzen des Lebens in sich aufnimmt:

> »Man hat Rembrandt ›Mangel an Form‹ vorgeworfen, weil man ganz unbefangen Form = allgemeiner Form gesetzt hat. […]. Die Form, wie Rembrandt sie herausarbeitet, entspricht gerade nur dem Leben dieses Individuums, sie lebt und stirbt mit ihm, in einer Solidarität, die ihr keine darüber hinausreichende, allgemeine, andere Spezialisierungen vertragende Gültigkeit gestattet.«[200]

Die Rettung der Personen und der Dinge erfolgt auf der Ebene der sinnlichen Wahrnehmung durch die Kunst, auf der begrifflichen Ebene jedoch durch die Philosophie. Nach Spinoza ist es die Aufgabe eines Blickes des Geistes, der sie *sub specie aeternitatis* betrachtet, ihren Sinn zu modifizieren und neu auszurichten, indem er ihre Umwandlung in zu liebende und zu »heiligende« Dinge gerade dank ihrer Einzigartigkeit, ihres Status als besondere Knotenpunkte kognitiver wie affektiver Beziehungen betreibt. Jedes Ding wird aus seiner Isolation gerissen und mit Gott (der gesamten Natur) durch den *amor intellectualis* verbunden, der die einzelnen Dinge – die *res singulares* – in ihrem Sein versteht, liebt und bewahrt.

Auch wenn er damit eigentlich die Ideen einer randständigen, häretischen Sekte der Reformationszeit wiedergibt, zeigt der schweizerische Schriftsteller Gottfried Keller in *Ursula* – einer der *Züricher Novellen* –, wie jedes Ding sich auf die gleiche Weise mit dem Leben des Ganzen verbindet, in diesem Fall mit dem pantheistisch interpretierten christlichen Gott:

> »Er ist im Staube dieses Fußbodens und im Salze des Meerwassers! Er schmilzt mit dem Schnee vom Dache, wir hören ihn tropfen, und

> glänzet als Kot auf der Gasse! Er schwänzelt mit dem Fisch in der Tiefe des Wassers und späht im Auge des Habichts, der in den Lüften fliegt.«

Als der bäuerliche »Prophet« der Novelle einen Apfel zur Hand nimmt und diesen vor sich hält, sagt er:

> »Holla, Du putziges Herrgöttlein; hast Dich hieher geflüchtet, sitzest in diesem Apfel und glaubst, ich finde Dich nicht? [...] Sehet, Ihr Brüder und Schwestern, wie der Apfel anfängt innerlich zu leuchten, wie er mir auf der Hand schwillt und zur Welt wird?«[201]

Die Dinge sprechen von einem anderen Standpunkt aus auch zu demjenigen, der sie poetisch zu befragen weiß, wie es sich mit den Steinen und Gräsern in der einzigen Erzählung Paul Celans, dem *Gespräch im Gebirg*, verhält. Bei Spinoza ist es jedoch die Sache selbst, die nach eisernen Verkettungen von Ideen – *more geometrico* – spricht. Die *res singulares* hingegen müssen im Kontext der Naturganzheit verstanden werden, die auch uns mit einbegreift: »Die einzelnen Dinge aber können nicht ohne Gott begriffen werden« und »Je mehr wir die einzelnen Dinge erkennen, um so mehr erkennen wir Gott.«[202]

Um diesen letzten Lehrsatz in einen vorsichtigeren Sprachgebrauch zu übertragen: Je mehr wir jedes einzelne Ding kennen und lieben lernen, um so mehr erkennen und lieben wir die Welt. Mit der höchsten Ebene des *amor Dei intellectualis* verbunden, auf der Intelligenz und Affekte miteinander verschmelzen, kann der Geist die Dinge *sub specie aeternitatis* begreifen und in einem jeden von ihnen einen Knotenpunkt von unendlichen Beziehungen zur gesamten Natur ausmachen. Derjenige, der die Dinge in dieser Perspektive betrachtet, kann in sich – sozusagen als Begleiterscheinung davon – eine Zunahme der Lebensfreude und eine Ausdehnung des eigenen Seins verspüren, insofern er sich dessen bewusst wird, dass die Dinge nicht leblos und wir ein Teil derselben allumfassenden Natur sind. Der Mensch ist kein autonomer »Staat im Staate«,[203] und ein jeder hat auf der Grundlage seiner »Kraft zu existieren« (*vis existendi*) in gewissem Ausmaß Anteil an den Wechselfällen der gesamten Wirklichkeit.

Für den Fall der Stillleben oder der Kunstwerke im Allgemeinen verhält es sich so, als ob die Dinge uns sagten (das horazische *Carpe diem!* paraphrasierend): *Carpe aeternitatem in momento!* Pflücke, genieße das Leben in seinem Kulminationspunkt, genieße die Dinge zur angemessenen Zeit, empfinde die Fülle deiner Existenz in der

Welt, bevor dein unvermeidlicher Niedergang einsetzt und sie dir entflieht. Das *memento mori* wird darin nicht unterschlagen, jedoch gibt es – wie Thomas Merton schrieb – zwei gegensätzliche Weisen des Umgangs mit der Vergänglichkeit: »Das Leben zerrinnt uns in den Händen, es kann jedoch als Sand oder fruchtbare Saat zerrinnen.« Und als Saat erntet man es in der Kunst, in der Philosophie und in jeder gelungenen Verwandlung von Objekten in Dinge.

Angesichts der Offenbarung der *aeternitas* gewinnt das Leben der Dinge zusammen mit dem unsrigen und dem der anderen Menschen. Alles, was uns durch die affektive Erkenntnis der *res singulares* hindurch anspricht, befreit uns von den Erpressungsversuchen jener Institutionen, die aus der Vergänglichkeit und der Angst vor dem Tod ein politisches oder religiöses Herrschaftsinstrument zu machen suchen. In genau diesem Sinne »denkt der freie Mensch an nichts weniger als an den Tod, und seine Weisheit ist nicht eine Betrachtung des Todes, sondern des Lebens.«[204]

Diese Empfindung der *plenitudo vitae* ergreift uns mitunter plötzlich und augenblickshaft, wenn der dunkle Schleier der alltäglichen Erfahrung zerreißt. Dann »sentimus, experimurque, nos aeternos esse«, verspüren wir in uns und der Welt – ohne es irgendwie beweisen zu können – die Gegenwart einer zeitlosen Fülle:

> »Die Ewigkeit kann nicht durch die Zeit definiert werden noch irgend eine Beziehung auf die Zeit haben; und nichtsdestoweniger denken und erfahren wir, dass der Geist ewig ist.«[205]

Vielleicht existiert eine solche Fülle für uns allein in der Logik des Begehrens, jedoch tut das der Tatsache keinen Abbruch, dass sie als Maßstab fungiert, um die Unzulänglichkeit und Banalität dessen zu beurteilen, was uns dargeboten wird und uns nicht zufrieden stellt.

Macht es im Zeitalter des »Sex-Appeals des Anorganischen«, der seriellen Produktion und der größtmöglichen Verschwendung von Intelligenz und Lebenszeit noch Sinn, sich auf die Philosophie Spinozas zu berufen und die Dinge *sub specie aeternitatis* zu betrachten? Kann ferner das *stilleven* der holländischen Malerei mit seinem ganzen Pathos für den *toppunt* uns dabei als Beispiel dienen – uns, die wir unter Objekten leben, die ihre Dauer eingebüßt und das Aussehen verschwommener Simulakren angenommen haben?

Die Dinge sprechen lassen

Die Antworten auf diese und weitere Fragen hängen von unserem Willen ab, uns anders im Horizont der zeitgenössischen Gegenwärtigkeit zu orientieren und eine Kunst der Existenz auszubilden, die der *techne tou biou* der antiken Philosophie ähnlich ist, jedoch auch das Leben der Dinge mit einschließen kann. Die klassische *diakosmesis* (das Vorhaben, die Welt zu ordnen und ihr Sinn und Schönheit zu verleihen, da wir auf diese Weise uns selbst einen Sinn geben) wird so mit zusätzlicher Energie aufgeladen, die die perverse Verbindung eines »Sex-Appeals des Anorganischen« und seines Korrelats, dem Menschen als »fühlendes Ding«, aufsprengen kann.

Die Lehren Spinozas sowie das Beispiel des Stilllebens stellen – wenn sie dank jenes Sinnüberschusses, der die große Kunst und die große Philosophie begleitet, außerhalb ihres angestammten Kontextes interpretiert werden – wirksame Gegengifte gegen den schnellen, momentanen und lieblosen Warenkonsum dar und fungieren als theoretische Brückenköpfe und ideale Modelle für den – lange Zeit unwegsamen oder gänzlich unterbrochenen – Transit zwischen Personen und Objekten.

Auch unabhängig von Spinoza oder dem *stilleven* erfahren wir durch den Umgang mit den Dingen die Tatsache besonders konkret, dass nicht alles vor dem inneren Gerichtshof zu entscheiden ist, im Rahmen einer subjektiven Freiheit ohne jegliche Abhängigkeitsbeziehungen. Mit ihrer Weigerung, vom Subjekt absorbiert und vollständig angeeignet zu werden, zwingen die Dinge uns dazu, der irrigen Überzeugung abzuschwören, dass die individuelle Identität eine Monade oder ein reines Selbstbewusstsein darstellt, das sich im Kreise drehend in den Schwanz beißt. Die Dinge treiben uns dazu an, auf die Wirklichkeit zu hören und diese – die Fenster der Psyche öffnend – in uns »einzulassen«, um so eine ansonsten erstickende Innerlichkeit zu belüften (die jedoch, ohne es zu wissen, bereits die anderen und die »Außenwelt« enthält, wenn auch in der wenig elaborierten Form von umschatteten Präsenzen und banalen Stereotypen). Paradoxerweise erzählen die Dinge umso mehr über uns und über das, was uns ausmacht, je eher wir sie sich in ihrer eigenen Sprache ausdrücken lassen: derjenigen des *pragma*, der *res* oder der »Sache« und bisweilen auch mit der gebieterischen Stimme des *auto to pragma* und der »Sache selbst«.

Insofern die Dinge ihren Sinn schrittweise freigeben, ohne ihn je zu erschöpfen, und insofern sie auf ihre Weise ein eigenes Leben verleben, unterhalten sie zu uns eine Beziehung der antagonistischen Mitwisserschaft: Sie sind uns eine alltägliche Hilfe, sie bleiben uns nah und unverzichtbar, behalten jedoch darüber hinaus – indem sie unserer unersättlichen oder trägen Tendenz die Stirn bieten, sie uns restlos anzueignen – ihre Substanz bei. Nur diese relative Unbegreiflichkeit kann uns zu uns selbst zurückführen und uns jene von Benjamin beschriebene Aura atmen lassen, die Nähe und Ferne, Vertrautheit und Fremdheit in sich vereint:

> »Alles, was derart jemals liebevoll und notwendig gemacht wurde, führt sein eigenes Leben, ragt in ein fremdes, neues Gebiet hinein und kommt mit uns, wie wir lebend nicht sein könnten, geformt zurück«.[206]

Die Dinge bewegen uns im Widerstreit mit ihnen dazu, uns über die Gedankenlosigkeit und Mittelmäßigkeit zu erheben, in die wir zurückfielen, wenn wir nicht – stillschweigend erwiderte – Gedanken, Fantasien und Affekte in sie investierten. Sie sind genau deshalb Dinge, weil wir uns über sie Gedanken machen, weil wir sie liebend in ihrer Einzigartigkeit erkennen, weil wir es ihnen – im Unterschied zu den Objekten – nicht zumuten wollen, uns ihrer nur als Instrumente zu bedienen oder ihre Alterität auszulöschen, oder aber, weil wir sie schließlich – wie es in der Kunst geschieht – aus ihrer heiklen Lage in Zeit und Raum befreien und sie in »Miniaturen der Ewigkeit« verwandeln, die eine größtmögliche Fülle an Existenz in sich bergen.

Unsere Beziehung zu ihnen gleicht in abgeschwächter Form der Liebe zwischen Personen: Um jemanden wirklich lieben zu können, muss der andere ein anderes Ich-Selbst sein, mir gleich, um mich in Einklang mit ihm fühlen zu können, und gleichzeitig doch eben auch anders als ich, damit er mich in dem vervollständigt, was mir fehlt.[207] Wenn der andere mir allzu ähnlich wäre, eine Art von perfekter Kopie meiner selbst, so bräuchte ich ihn gar nicht; wenn er allzu anders wäre, träte er aus meinem Orbit heraus und würde für mich unerreichbar. Indem sie ihren Schwerpunkt verschiebt und in Schwingung versetzt, gelingt der Liebe das Wunder, die Freiheit in der Bindung und die Bindung in der Freiheit hervorstechen zu lassen, den Besitz des anderen zu unterbinden und eine reziproke Autonomie der Liebenden – solange sie in ihrer Vollkommenheit auch dauern mag – zu erhalten.

Die Gegenstände vor ihrer Unbedeutsamkeit oder ihrer rein instrumentellen (Ver-)Nutzung zu retten, heißt, uns selbst und die Wechselfälle, in die wir verwickelt sind, besser zu verstehen, da die Dinge Sinnsynapsen sowohl zwischen den verschiedenen Segmenten der individuellen und kollektiven Geschichten einsetzen als auch zwischen menschlicher Kultur und Natur. Sie leben, wenn wir dazu fähig werden, eine Semiotik zu entwickeln und quasi spontan werden zu lassen, die derjenigen der von Ärzten praktizierten analog verfährt: wenn wir in dem, was uns am Herzen liegt, seine Geschichte in Bezug zum Menschen erkennen sowie seine Herkunft in Bezug zur Natur.

Von jedem mit sympathetischer Aufmerksamkeit betrachteten Ding aus können dann unterschiedliche Wege der Neugierde (diese in ihrem edlen Sinne genommen, wie es ihre Etymologie eigentlich anzeigt: *curiositas*, von *cura*, Zuvorkommenheit, Fürsorge, Wille zum Wissen) und einer möglichen Untersuchung abzweigen: Eine Stoff- oder Porzellanpuppe kann uns mithilfe der Imagination und des Forscherdrangs dahin führen, sie in einem Zeitalter zu verorten, das der Erfindung der Plastikmaterialien vorausgeht, ihren Platz in der Geschichte der Spielzeuge zu bestimmen, Überlegungen zu den unterschiedlichen Erziehungsformen von Mädchen und Jungen anzuregen oder auch Episoden der Familiengeschichte zu erinnern. Eine bei einem Trödelhändler aufgetriebene alte Militäruniform kann durch die Art des Stoffes, die Kragenspiegel oder Rangabzeichen die Zugehörigkeit ihres Trägers zu einer bestimmten Armee und Zeit preisgeben und geistig in der Geschichte einer Nation oder derjenigen der Mode verortet werden. Wie Max Weber treffend bemerkte, scheinen die Knöpfe der Uniform, die der König von Preußen in der Schlacht von Königgrätz trug, für sich genommen völlig irrelevant zu sein; wenn man aber den militärgeschichtlichen Blickwinkel mit einem Interesse an der Geschichte der Schneiderei vertauscht, so werden diese wichtiger als der Ausgang der Schlacht selbst.

Wenn wir die Tendenz überwinden, uns immer und überall ins Zentrum unserer selbst zu stellen, ohne uns noch dem »entgegenzustrecken«, was uns erneuern könnte, werden die Geschichten der Dinge mit ihren symbolischen Aufladungen und Schichtungen so ausgedehnt und reich, dass man sich darin leicht verlieren kann. Man muss also einer Warnung Rechnung tragen, die wie diejenige Nietzsches in der *Zweiten Unzeitgemäßen Betrachtung* klingen mag: Wie ein Übermaß an Gedächtnis dazu angetan ist, uns auf die Vergangenheit einzuebnen und unseren Schwung auf die Zukunft hin zu brechen, so birgt der Wille zum Umfassen und Verstehen allzu vieler Dinge die Gefahr, dass wir – sie kunterbunt und wahllos anhäufend – schließlich keines von ihnen wirklich lieben und verstehen. Aristoteles hatte Recht: »Viele Freunde, kein Freund.«[208]

Die Dinge leben – zusammengefasst – unter bestimmten Bedingungen: Wenn wir sie neben und mit uns bestehen lassen, ohne sie vereinnahmen zu wollen; wenn sie unsere Leben mit denen der anderen verbinden; wenn wir uns durch ihre Vermittlung der Welt öffnen, um sie in uns einströmen zu lassen, und uns unsererseits in sie ergießen, um sie sinnhafter und – auch dank unserer *diakosmesis* – mehr und mehr Idealen entsprechend zu gestalten, die von allgemeinem Interesse und gemeinsam auszuhandeln sind; wenn wir eine Einstellung kultivieren, die dazu befähigt, den Gegensatz zwischen einer verschlossenen, selbstreferentiellen Innerlichkeit und einer trägen Äußerlichkeit aus zweiter Hand zu überwinden; wenn wir – eingedenk der Tatsache, dass wir auf unserer Reise ins Jenseits nichts mitnehmen können werden, insofern, wie ein deutsches Sprichwort sagt, »der letzte Rock keine Taschen hat« – darauf verzichten, Beziehungen des ausschließenden Besitzes, der Sicherung und der Herrschaft über die Gegenstände zu begünstigen; wenn wir, den originären Sinn von Ewigkeit als Fülle des Lebens berücksichtigend, das einfache In-den-Tag-Hineinleben aufgeben; wenn wir von einem Exhibitionismus des Logos und von einer Kultur der Verschwendung zu einem nüchternen und wesentlichen Verhältnis zu den Dingen übergehen; wenn es uns gelingt, in einem jeden von ihnen die Natur einer *res singularis* anzuerkennen, die als solche mit Intelligenz, Symbolen und Affekten besetzt ist; wenn wir ohne Unterlass unseren geistigen und emotiven Horizont erweitern, um so zu vermeiden, das Bewusstsein für die unauslotbare Tiefe der Welt, der anderen und unserer selbst zu verlieren.

Was Heraklit für die *psyche* feststellte (»Der Seele Grenzen kannst du nicht entdecken gehen, auch wenn du jeden denkbaren Weg begehst:

so unerschöpflich ist, was sie zu erklären hat«, DK 45), das gilt auch für die Dinge der Welt: für ihre historische und persönliche Bedeutung sowie auch für die noch immer nur teilweise entdeckte Komplexität der Materie des Universums, aus der unsere Körper und die Gegenstände gemacht sind und mit der unsere Subjektivität untrennbar verbunden ist.

Die Kürze des Lebens sowie die Zufälligkeit unserer Geburt, die uns in die Form einer begrenzten Zeit und eines beschränkten Raumes einschließen, erlauben uns, nur mit einer gewissen Zahl von Dingen in Berührung zu kommen. Die Entscheidung, einige von ihnen kennenzulernen, zu erkennen und für sie Sorge tragen zu wollen, ohne sich dadurch notwendig das Verständnis der anderen zu verschließen, erfordert nicht nur eine Haltung anhaltender Aufmerksamkeit auf die Welt und die Personen, einen Willen zum Wissen und den Wunsch zu »lieben«, sondern auch ein bestimmtes Ethos (und sogar eine politische Stellungnahme), um schließlich dazu beitragen zu können, aus der zufällig auf uns gekommenen Gesellschaftsform tatsächlich eine *res publica* zu machen.

Nachwort zur deutschen Ausgabe

Wenn ich heute, sieben Jahre nach seinem ersten Erscheinen auf Italienisch, drei Jahre nach seiner Übersetzung ins Spanische (*La vida de las cosas*, Buenos Aires/Madrid 2013) und ein Jahr nach seiner Übertragung ins Englische (*The Life of Things, the Love of Things*, New York 2015) auf dieses Buch zurückblicke, so scheint mir, noch immer keine ausreichenden Gründe dafür ausmachen zu können, von seiner ursprünglichen Anlage abzurücken. Deswegen habe ich auch weder die Struktur noch den Rhythmus des darin entfalteten Diskurses modifiziert und mich darauf beschränkt, in die unterschiedlichen Kapitel im Stile einer nicht invasiven Intarsienarbeit einzugreifen. Auf der anderen Seite enthält jedes Buch – wenn es denn stimmt, was Schopenhauer hierzu einfällt (dass nämlich jeder von uns ein ganzes Leben lang nichts anderes tut, als eine einzige Idee zu entwickeln) – die Prämissen zu weitergehenden Entwicklungen in sich: Man hört nur deswegen auf, an ihm weiterzuschreiben, weil in einem bestimmten Augenblick eine Phase der Sättigung im Hinblick auf die Materialien und die montierten Gedankengänge erreicht worden ist.

Ideen und Problemen eignet jedoch die Tendenz, auf eigene Rechnung weiter zu fermentieren, und eine jede Untersuchung ist deshalb dazu bestimmt, unvollendet zu bleiben: Man entdeckt neue und relevante begriffliche Verzweigungen; man stößt, bisweilen zufällig, auf weitere wichtige Literatur zu den bereits behandelten Themen und Gegenständen; man denkt über Bemerkungen von Freunden oder Rezensenten nach.

Ich weiß nicht, ob tatsächlich das hermeneutische Kriterium gilt, das ich Hans-Georg Gadamer als junger Student in einer seiner Heidelberger Vorlesungen habe entwickeln hören, wonach der Autor auch der Letzte sei, der sein Werk verstehe. Es ist jedoch sicher, dass der Blick eines anderen auch dasjenige erfassen kann, was uns oftmals entgeht, oder aber das bereits Bekannte und Gewusste in Perspektiven erscheinen lässt, die uns dahin führen, von unseren abweichende Standpunkte ernst zu nehmen.

Ich möchte deshalb das von mir Niedergeschriebene erweitern und präzisieren, indem ich auf vier Hauptpunkte eingehe.

Zuallererst habe ich inzwischen bemerkt, die Lehren übergangen zu haben, die in den wundervollen poetischen Texten von *Le parti pris des choses* von Francis Ponge (1942) enthalten sind, der dazu einlädt, sich rückhaltlos auf die Seite der Dinge zu schlagen (des Schwamms, der Orange, des Brotes, der Auster, der Kerze ...), um für sie und gegen ein Übermaß an Subjektivität Stellung zu beziehen. Ponge schwört der absurden Anmaßung ab, aus der Sprache ausbrechen zu können, und gräbt vielmehr im Inneren ihrer unerwarteten oder impliziten Verbindungen, sodass Kultur und Natur letztlich ihre Plätze vertauschen und sich gegenseitig durchdringen. Er betrachtet auf diese Weise jedes »Ding« als ein Neues und Unbekanntes, um sodann allmählich seine intrinsischen Unterscheidungen und vielfältigen Sinnschichten zu enthüllen. Man bemerke – anhand eines einzigen, vergnüglichen Beispiels – die Finesse, mit der das Phänomen des Regens zu Beginn des gleichnamigen Texts beschrieben und gleichzeitig prismenartig in eine Myriade an Facetten zerlegt wird:

»Mit sehr unterschiedlichem Gang kommt der Regen herab, in den Hof, wo ich ihn fallen sehe. Mittendrin ist er ein feiner, diskontinuierlicher Vorhang (oder Netz), ein unversöhnlicher, doch relativ langsamer Fall vermutlich ziemlich leichter Tropfen, ein immerwährendes Herabstürzen ohne Nachdruck, ein sehr feines Zerbröckeln des reinen Meteors. In geringer Entfernung von den Mauern rechts und links

> fallen geräuschvoller die schwereren, vereinzelten Tropfen. Hier sind sie an Größe einem Weizenkorn gleich, dort einer Erbse, anderswo fast einer Murmel. Über Steinleisten, über Fensterbleche läuft der Regen waagerecht, während er sich an die Unterfläche dieser Hindernisse in konvexen Karamelbonbons hängt. Über die ganze Oberfläche eines kleinen Zinkdaches in Blickhöhe rinnt er als sehr dünne Schicht, schillernd infolge der höchst mannigfaltigen Strömungen, welche die unmerklichen Wellen und Buckel der Bedachung verursachen. Von der angrenzenden Traufe, die er mühsam, wie ein tiefer Bach ohne großes Gefälle durchfließt, stürzt er jäh als ganz senkrechter, ziemlich grob geflochtener Wasserfaden zu Boden, wo er zerplatzt, doch wieder aufspringt in kleinen, glitzernden Nadeln«.[209]

Ich glaube sodann zweitens, der sogenannten *Thing Theory* nicht genügend Aufmerksamkeit geschenkt zu haben – obwohl ich durchaus von ihrer Existenz wusste –, die sich in den USA ausgehend von einem Artikel Bill Browns[210] entwickelte und deren Anstöße von ihm in organischer Form in *Things* sowie in *A Sense of Things* von 2004 wieder aufgenommen wurden. In diesen Arbeiten wird – insbesondere durch die Sphäre der Literatur – nicht nur die Faszination der Amerikaner für Objekte als schlichte Gebrauchswerte hervorgehoben, sondern auch ihre Umwandlung in Aufmerksamkeit verdienende Dinge, wenn sie zu funktionieren aufhören oder kaputtgehen, wenn sich eine Unterbrechung innerhalb ihrer zerstreuten Verwendung einstellt. Erst und nur dann beginnen sich die Beziehungen zwischen dem Subjekt und den Dingen zu verändern und wird einerseits ihrer Gewaltherrschaft als Objekte oder Konsumgüter ein Ende gesetzt und andererseits, hierzu symmetrisch, auch der Gewaltherrschaft des Subjekts ihnen gegenüber.[211]

Darüber hinaus ist in den letzten zwanzig Jahren eine vielstimmige Debatte über Objekte und Dinge von Vertretern unterschiedlicher soziologischer, historischer und philosophischer Tendenzen eröffnet worden;[212] von Verfechtern der Akteur-Netzwerk-Theorie, vom Vorschlag eines »Parlaments der Dinge«, von der sogenannten »Neuen Ontologie«, der »Analytischen Ontologie«, der *Object Oriented Ontology* oder auch dem »spekulativen Realismus«, die allesamt von einer entschiedenen Ablehnung des Subjektivismus, das heißt einer Verschiebung von der menschlichen Erfahrung der Dinge hin zu den Sachen selbst oder auch hin zur Überzeugung einer Nichtzugänglichkeit des Objekts zusammengehalten werden;[213] sowie schließlich von denjenigen, die sich mit den Dingen auf den Ebenen der Kunst, der Geschichte oder ihrer emotiven Dimension beschäftigt haben.[214]

An dritter Stelle scheint mir, die potenzielle Fruchtbarkeit meiner initialen Intuition, »die Dinge – sie quasi kalt erwischend – hinterrücks zu erfassen«, nicht in ausreichendem Maße genutzt zu haben, das heißt sie nicht mit dem Wachbewusstsein wahrzunehmen, sondern sie in den verschwommenen Zwischenzuständen zwischen Wachen und Schlafen oder aber in *rêveries* zu überraschen, wenn wir die Dinge auf noch nicht festgestellte Weise wahrnehmen, bevor sie sich wieder mit den alltäglichen Selbstverständlichkeiten aufladen (dabei handelt es sich um ein Thema, das ich an dieser Stelle gerne vertieft hätte, von dem ich aber weiß, dass es eine eigenständige und mit der Ökonomie dieses Buches nicht vereinbare Analyse verlangt, die ich deshalb einer künftigen Untersuchung vorbehalte).

An vierter und letzter Stelle könnte man – auch durch die Wirkung des Titels der englischen Übertragung des vorliegenden Buches, der nicht von mir stammt (*The Life of Things, the Love of Things*) – dazu verleitet werden zu denken, dass der Übergang von »Objekten« zu »Dingen« notwendigerweise auch die Liebe zu all denjenigen Dingen einschließt, über die man nachdenkt und von denen man handelt (wie es auch einem scharfsinnigen englischen Rezensenten widerfahren ist,[215] der ein schönes Buch über Gegenstände in der englischen Literatur der Renaissance verfasst hat)[216]. Ich habe jedoch gerade am von Hannah Arendt aufgeworfenen Beispiel der Favelas oder der Bidonvilles gezeigt, wie auch auf die »hassenswerte« Seite der Dinge zu reflektieren wäre, in diesem konkreten Fall auf das Elend, das Leiden und die Ungerechtigkeit, denen unterworfen ist, wer dazu gezwungen ist, in diesen Slums sein Dasein zu fristen. Dennoch hätte ich diesen Punkt vielleicht stärker hervorheben und genauer erklären sollen.

Vieles Weitere gäbe es zu sagen, doch ich wollte dieses Nachwort nicht über die Maßen aufblähen. Mich glückerfüllt an die sechs Jahre zurückerinnernd, die ich als Student und sodann als Stipendiat der Humboldt-Stiftung an deutschen Universitäten verbringen durfte, möchte ich abschließend nur noch meiner ungebrochenen Freude darüber Ausdruck verleihen, dieses Buch nun auch in deutscher Übersetzung (und umso mehr in der eleganten und präzisen Übertragung durch Daniel Creutz) erscheinen zu sehen.

Remo Bodei
Los Angeles / Pisa

Anmerkungen

1 Vergil 1978, 5-8; 71-75.
2 Proust 1972, Bd. 5 (*Die Welt der Guermantes* I), 114.
3 Vergil 1983 (*Aeneis*), IV, 522-528.
4 Ovid 1952 (*Metamorphosen*), VII, 185-187.
5 Von Felix Mendelssohn Bartholdy in den Liedern unter dem Titel *Schilflied* vertont (op. 71, n. 4).
6 Broch 1958, 258 f.
7 Proust 1972, Bd. 1 (*In Swanns Welt* I), 12 f.
8 Proust 1972, Bd. 2 (*In Swanns Welt* II), 512 f.
9 Sartre 1971, 50.
10 Vgl. Merleau-Ponty 1984, 36.
11 Vgl. Molotch 2003, 13 f.
12 Vgl. Geuss 2002, 57 ff.
13 Vgl. Aristoteles, *Topik*, 108 a 20-25; und allgemeiner Romeyer-Dherbey 1983.
14 Aristoteles, *Metaphysik*, 984 a 18; vgl. 984 b 9.
15 Vgl. u. a. Ferranin 2001, 47-54.
16 Husserl 1984, 10; vgl. Catucci 2003, 43 f.
17 Vgl. Blumenberg 2007.
18 Dante 1986 (*Paradies*, IV, 124-129), 380.
19 Hegel 1988, 40.
20 Ebd., 13 f.
21 Vgl. Hegel 1988, 261-277, bes. 274 f.; sowie von unterschiedlichen Standpunkten aus: Bloch 1962, Agnoli 1996 und v. a. Balibar 2007.
22 Hegel 1999, 29.
23 Hegel 1970, 20 (§ 246 Zusatz).

24 Aristoteles, *Metaphysik*, VII, 3, 1028 b 36.

25 Vgl. Thomas, *Summa Theologica*, I, q. 29, a. 2.

26 Locke 1968, II, XXIII, 1-2.

27 Adorno 1997a, 77 f.

28 Baudrillard 1991, 9.

29 Flem 2004, 42.

30 Vgl. Freud 1969.

31 Pessoa 1994, 252 f.

32 Croce 1973, 23 f.

33 Flem 2004, 35 f.; vgl. 92 ff.

34 Ebd., 97 f.

35 Vgl. de Brosses 1988, Iacono 1985, Augé 1988.

36 Augé 1988, 28 f., 132.

37 Lévy-Strauss 1978, 39. Zur Antwort auf die Frage, warum die alten Ägypter Menschen- und Tierkörper fetischisierten, indem sie diese mumifizierten, vgl. Meskell 2004.

38 Cavalcanti 1990, 35 (XVIII, 1-8); vgl. Rigotti 2004, 45.

39 Vgl. Kafka 2004; Benjamin 1977b.

40 Kafka 2004, 1162 f.

41 Orlando 1997, 3, 6.

42 Borges 2007, 278 f.; vgl. Orlando 1997, 27.

43 Neruda 1986, 94.

44 Wittgenstein 1989, 177, 190.

45 Platon, *Theaitetos*, 155d

46 Aristoteles, *Metaphysik*, I, 2, 982 b 11-24.

47 Vgl. Hanson 1965, 4 f.

48 Vgl. Husserl 1962, §9 f.

49 Merleau-Ponty 1984, 14.

50 Vgl. Husserl 1987.

51 Adorno 1997b, 199.

52 Vgl. Bachelard 1987; Bachelard 1988.

53 Vgl. Merleau-Ponty 1984, 41.

54 Husserl 1976, 120.
55 Husserl 1962, 160.
56 Vgl. Husserl 1984, 368 f.
57 Leopardi 1999, 170, 12./13. Juli 1820.
58 Husserl 1973, 116 f.
59 Husserl 1976, 57 f.
60 Hanson 1965, 25.
61 Husserl 1976, 58.
62 Simmel 1919a, 119, 124.
63 Vgl. Cippoletta 2001, 99 f.; und allgemeiner Riedel 1977.
64 vgl. Bloch 1985, 18.
65 Heidegger 1954, 170 f.
66 Cippolletta 2001, 125, vgl. 134-143.
67 Aristoteles, *Metaphysik*, I, 2, 982 b.
68 Heidegger 1993, §15, 70; vgl. 66-72.
69 Heidegger 1986, 374; vgl. Costa, 266 f.
70 Heidegger 1983, 88.
71 Vgl. Heidegger 1977; Heidegger 1954.
72 Vgl. Nancy 2014, 17.
73 Benjamin 1977a, 15.
74 Heidegger 1954, 177, 163.
75 Heidegger 1954, 164.
76 Benjamin 1977a, 13.
77 Borsari 1992, 7.
78 Roche 1997, 187.
79 Kant 1956, B 273.
80 Locke 1968, II, XXVII, 17.
81 Vico 2009, 142 (I, III, 331).
82 Ferraris 2008, 480 mit der darauffolgenden Kritik an Searle; vgl. auch Ferraris 2003 sowie Ferraris 2005.
83 Vgl. z. B. auch Bryant 2011a und Bryant 2011b über das »subjectless object«.
84 Ferraris 2012, 71.

85 Ebd., 41.
86 Vgl. Garcia 2011.
87 Vgl. Varzi 2001, 91-120; sowie Varzi 2007.
88 Vgl. Sennett 2008, 164-176; Staubach und für eine wirkungsvolle Exemplifizierung MacGregor 2015.
89 Dilthey 1970, 256 f.
90 Scheler 1995, 46.
91 Vgl. Borges 2008, 296 f.
92 Vgl. Jankélévitch 1974, 339 ff.
93 Vgl. unter den Stammvätern dieser Tendenz Braudel 1985-1986.
94 Vgl. R. Esposito 2007.
95 Del Giudice 1992, 95; vgl. Baudrillard 2015, 39 f.
96 Vgl. Augustinus 2002, I, 1, 4.
97 Lukrez 1972, I, 311-321.
98 Manzini 1992, 81.
99 Vgl. Baudrillard 2015, 69 f.; zum Konsumismus und dem Phänomen oftmals zwanghaften *Shoppings* vgl. Miller 1998 und Miller 2001a; Schor 1999; Schor 2004; Schor 2011.
100 Bandinu/Barbiellini/Amidei 2003, 31.
101 Ebd., 42-48.
102 Canetti 1960, 16.
103 Wie etwa Dumont 1977, 81 und Iacono 1992, 15 behaupten.
104 Vgl. Pasdermadjian 1954; M. B. Miller 1981; Williams 1982; Bodei 1991, 13-17; Belpoliti 2008, 18 .
105 Baudrillard 2015, 40; vgl. Baudrillard 1991, 5.
106 Baudrillard 2015, 282.
107 Vgl. Bodei 2008, 145-182.
108 Vgl. D'Avenel 1913.
109 Belpoliti 2008, 9 f.
110 Keynes 1963, 42.
111 Roche 1997, 8.

112 Baudrillard 2015, 288; vgl. Baudrillard 1991.
113 Rigotti 2007, 22.
114 Vgl. Barthes 2010; Baudrillard 1991, 174 ff.; Garcin 2007.
115 Vgl. Krueger 1991.
116 Douglas/Isherwood 1996, 43.
117 Vgl. Dagognet 1989; Sassatelli 2004.
118 Vgl. Perec 2001, 136 ff.
119 Vitta 1996, 337.
120 Vgl. Simmel 1995.
121 Vgl. E. Esposito 2004.
122 2. Aufzug, 2. Szene; vgl. E. Esposito 2004.
123 Rilke 1950, 898 f.
124 Roche 1997, 328.
125 Vgl. Serra 1613.
126 Vgl. Brunner 1968; Bodei Giglioni 1996.
127 Roche 1997, 110.
128 Ago 2006 (XVII-XXII), 123 ff.; für den Bereich der häuslichen Güter vgl. Miller 2001b.
129 Vgl. Bachelard 1960, 104-118; Tarpino 2008, 40, 47 ff.
130 Baudrillard 1991, 25-28.
131 Vgl. Sennett 2008, 95 ff., 104-111; Faber 2004.
132 Bodei 1995, 74.
133 Benjamin 1982, 51, 111.
134 Perniola 1994, 59.
135 Francalanci 2006, 9; vgl. 63 f.
136 Vgl. für den Fall der Autoindustrie Molotch 2003, 42-74.
137 Vgl. Klein 2015; Codeluppi 2001; Lash/Lury 2007.
138 Vgl. Sennett 2008, 137 f., 263.
139 Vgl. Carmagnola 1991; Carmagnola/Ferraresi 1999; Sennett 2008.
140 Vgl. Molotch 2003, 2.

141 Vgl. Haraway 1993; Hayles 1999; Marchesini 2002.
142 Anceschi 2002, 221, zit. bei Francalanci 2006, 22.
143 Vgl. Polanyi 1967.
144 Vgl. Jullien 2001.
145 Pasqualotto 2008, 75.
146 Vgl. Heidegger 1959.
147 Merleau-Ponty 2000, 177 f.
148 Descartes 1986, 89 ff.
149 Vgl. Bodei 1995, 23-32.
150 Vgl. Simondon 2012; für jüngere Weiterentwicklungen einer solchen Reflexion vgl. Turkle 2011a, Turkle 2011b.
151 Arendt 1979, 75.
152 Vgl. Benjamin 1977a, 15 f.
153 Bonnefoy 1986, der sein Buch mit diesen Worten eröffnet.
154 Goethe, *Zueignung*, 31 f.
155 Caproni 1998, 374.
156 Bloch 1969, 97.
157 Andersen 1900, 65.
158 Agamben 2004, 61; vgl. Francalanci 2006, 9.
159 Heidegger 1977, 19.
160 Schapiro 2009, 296-300; zum Gegensatz zwischen dem wurzellosen Stadtbürger Schapiro und dem sesshaften Bauern Heidegger, der den archaisierenden Ruf der Erde hört, vgl. Derrida 2008, 301-442; Pinotti 2007, 129-134; sowie auch Rigotti 2007, 53 f.
161 Heidegger 1996, 5.
162 Merleau-Ponty 1984, 14.
163 Bloch 1969, 174 f.
164 Merleau-Ponty 2004, 175.
165 Merleau-Ponty 2002, 19 f.
166 Merleau-Ponty 1984, 16.
167 Vgl. *Still Life Painting* 1999.

168 Schneider 1994, 7.
169 Vgl. Sterling 1985; Bryson 1990.
170 Sterling 1985, 13.
171 Vgl. Girard 2005.
172 Hegel 1986, 86.
173 Plotin 1878-80, IV, 4, 37.
174 Vgl. Flusser 1993.
175 Vgl. Roy 1999.
176 Bortolotti 2005, 14.
177 Vgl. Kiers/Tissink 2000, 27-34.
178 Vgl. Shama 1988; Berger Hochstrasser 2007.
179 Vgl. Berger Hochstrasser 2007.
180 Ortega y Gasset 1959, 99.
181 Vgl. von einem ganz unterschiedlichen Standpunkt aus den Hinweis bei Nancy 2007, 50, und für eine kunstgeschichtliche Situierung Bellingeri 2007, 20.
182 Vgl. E. Esposito 2004.
183 Hersch 1946 und 1985.
184 Vgl. Homer, *Ilias*, XXII, 58; *Odyssee*, V, 160 ff. und XIX, 204 ff.
185 Vgl. Benveniste 1937; Onians 1951, 244; Degani 1961; Alliez 2004, 44 ff.
186 Plotin 1878-80, III, 7, 11, 44.
187 Cons. phil., V, 6.
188 Borges 1991, 22 f., 28, 32.
189 Plotin 1878-80, III, 7, 3; vgl. Montevecchi 2004, 154.
190 Vgl. Diodato 1997; zur kulturellen Umgebung des Schaffens Spinozas vgl. Nadler 1999.
191 Zu den Gemälden und Selbstbildnissen Rembrandts vgl. Bruyn u. a. 2014; Chapman 1990; Caroli 1998; Wheelock 1997; Bianco 2000.
192 Simmel 1919b, 2.
193 Simmel 1919b, 94.
194 Zu dieser antithetischen Beziehung von italieni-

scher und deutscher Kunst, die Simmel im polemischen Bezug auf Burckhardt aufnimmt und die sodann von Wölfflin weiterentwickelt wird, vgl. Burckhardt 2003, 204-226; Pinotti 2007, 110.

195 Simmel 2000, 21 f.

196 Vgl. Rella 1988, 52-67.

197 Schama 2000, 13.

198 Simmel 1999, 226.

199 Vgl. Hegel 1988, 80 ff.

200 Simmel 2000, 37.

201 Keller 1999, 351 f.

202 Spinoza 1967, II, prop. XLV; V, prop. XXIV.

203 Spinoza 1967, III, praef.

204 Spinoza 1967, IV, prop. LXVII.

205 Spinoza 1967, V, prop. XXIII, schol.; vgl. V, prop. XXIX, schol.; aus einem anderen Blickwinkel vgl. Deleuze 2002.

206 Bloch 1985, 19.

207 Für einen anderen Blick auf das Denken und Fühlen dank der Dinge, die man liebt, sowie auf das Lieben der Dinge, die in uns Gedanken und Emotionen hervorrufen, vgl. Turkle 2011a.

208 Diogenes Laertius 1955, V, 21.

209 Ponge 1973.

210 Brown 2001.

211 Vgl. Brown 2004a, Brown 2004b.

212 Vgl. Latour 1996; Yates 2003; Daston-Gallison 2007; Bennett 2010; Bryan 2011a.

213 Vgl. Garcia 2011; Ferraris 2012; Bogost 2012; Harman 2010; Harman 2013.

214 Vgl. Meskell 2004; Schwenger 2006; MacGregor 2015; Turkle 2011a; Turkle 2011b.

215 Vgl. Yates 2015.

216 Vgl. Yates 2003.

Literaturverzeichnis

Adorno, Theodor W.: *Minima Moralia. Reflexionen aus dem beschädigten Leben. Gesammelte Schriften* Bd. 4. Frankfurt/M. 1997a.

– »Zur Metakritik der Erkenntnistheorie. Studien über Husserl und die phänomenologischen Antinomien«. In: Ders.: *Gesammelte Schriften* Bd. 5. Frankfurt/M. 1997b, 7-245.

Agamben, Giorgio: *Stanzen. Das Wort und das Phantasma in der abendländischen Kultur*. Übers. v. E. Zwischenbrugger. Zürich 2004.

Agnoli, Johannes: *Subversive Theorie. »Die Sache selbst« und ihre Geschichte.* Freiburg 1996.

Ago, Renata: *Il gusto delle cose. Una storia degli oggetti nella Roma del Seicento*. Rom 2006.

Alliez, Éric: »Art. Aión.« In: B. Cassin (Hg.): *Vocabulaire européen des philosophies*. Paris 2004.

Anceschi, Giovanni (Hg.): *Il progetto delle interfacce. Oggetti colloquiali e protesi virtuali.* Mailand 2002.

Andersen, Hans Christian: *Märchen*. Übers. v. J. Reuscher. Leipzig 1900.

Arendt, Hannah: *Vom Leben des Geistes*. Bd. 1: Das Denken. München/Zürich 1979.

Augé, Marc: *Le dieu objet*. Paris 1988.

Augustinus, Aurelius: *Selbstgespräche*. Lateinisch und Deutsch. Übers. v. H. Fuchs. Berlin 2002.

Bachelard, Gaston: *Poetik des Raumes*. Übers. v. K. Leonhard. München 1960.

– *Die Bildung des wissenschaftlichen Geistes. Beitrag zu einer Psychoanalyse der objektiven Erkenntnis.* Übers. v. M. Bischoff. Frankfurt/M. 1987.
– *Der neue wissenschaftliche Geist.* Übers. v. M. Bischoff. Frankfurt/M. 1988.

Balibar, Étienne: »Zur ›Sache selbst‹. Comune e universale nella ›Fenomenologia‹ die Hegel.« In: *Iride* 52/2007, 553-558.

Bandinu, Bachisio/Barbiellini Amidei, Gaspare: *Il re è un feticcio.* Nuoro 2003.

Barthes, Roland: *Mythen des Alltags.* Übers. v. H. Brühmann. Berlin 2010.

Baudrillard, Jean: *Das System der Dinge. Über unser Verhältnis zu den alltäglichen Gegenständen.* Übers. v. J. Garzuly. Frankfurt/M. 1991.
– *Die Konsumgesellschaft. Ihre Mythen, ihre Strukturen.* Übers. v. A. Foegen. Wiesbaden 2015.

Bellingeri, Lia: *Genovesino.* Galatina 2007.

Belpoliti, Marco: *Il tramezzino del dinosauro. 100 oggetti, comportamenti e manie della vita quotidiana.* Parma 2008.

Benjamin, Walter: *Das Kunstwerk im Zeitalter seiner technischen Reproduzierbarkeit.* Frankfurt/M. 1977a.
– »Franz Kafka«. In: Ders.: *Gesammelte Schriften* II.2. Frankfurt/M. 1977b, 409-438.
– *Das Passagen-Werk. Gesammelte Schriften* V.1. Frankfurt/M. 1982.

Bennett, Jane: *Vibrant Matter. A Political Ecology of Things.* Durham 2010.

Benveniste, Émile: »Expression indo-européenne de l'éternité.« In: *Bulletin de la Société de linguistique française* 38/1937, 103-112.

Berger Hochstrasser, Julie: *Still Life and Trade in the Dutch Golden Age.* New Haven 2007.

Bianco, Francesco: »Pittura come autobiografia. Il caso Rembrandt.« In: *Colloquium Philosophicum* V/2000, 43-63.
Bloch, Ernst: *Spuren*. Frankfurt/M. 1969 (Werkausgabe Bd. 1).
– *Geist der Utopie*. Bearb. Neuaufl. der 2. Fassung von 1923. Frankfurt/M. 1985 (Werkausgabe Bd. 3).
– *Subjekt-Objekt. Erläuterungen zu Hegel*. Frankfurt/M. 1962 (Werkausgabe Bd. 8).
Blumenberg, Hans: *Zu den Sachen und zurück*. Frankfurt/M. 2007.
Bodei, Remo: *Geometria delle passioni*. Mailand 1991.
– *Le forme del bello*. Bologna 1995.
– *Paesaggi sublimi. Gli uomini davanti alla natura selvaggia*. Mailand 2008.
Bodei Giglioni, Gabriella: »L'oikos. Realtà familiare e realtà economica.« In: S. Settis (Hg.): *I Greci. Storia, cultura, arte*. Turin 1996, 735-754.
Bogost, Ian: *Alien Phenomenology or What' It's Like to Be a Thing*. Minneapolis 2012.
Bonnefoy, Yves: *L'arrière-pays*. Genf/Paris 1986.
Borges, Jorge Luis: *Geschichte der Ewigkeit. Der Essays zweiter Teil*. Übers. v. K. A. Horst u. G. Haefs. München 1991 (Gesammelte Werke Bd. 2).
– *Der Gedichte zweiter Teil*. Übers. v. G. Haefs. München 2007 (Gesammelte Werke Bd. 8).
– *Der Gedichte dritter Teil*. Übers. v. G. Haefs. München 2008 (Gesammelte Werke Bd. 9).
Borsari, Andrea (Hg.): *L'esperienza delle cose*. Genua 1992.
Bortolotti, Luca: *La natura morta. Storia, artisti, opere*. Florenz 2005.
Braudel, Fernand: *Sozialgeschichte des 15.–18. Jahrhunderts*. 3 Bde. München 1985–1986.

Broch, Hermann: *Der Tod des Vergil.* Zürich 1958.
Brosses, Charles de: *Du culte des dieux fétiches.* Paris 1988.
Brown, Bill: »Thing Theory«. In: *Critical Enquiry* 28/2001.
– *Things.* Chicago 2004a.
– *A Sense of Things. The Object Matter of American Literature.* Chicago 2004b.
Brunner, Otto: »Das ›ganze Haus‹ und die alteuropäische ›Ökonomik‹«. In: Ders.: *Neue Wege der Verfassungs- und Sozialgeschichte.* Göttingen 1968, 103-127.
Bruyn, Joshua u. a.: *A Corpus of Rembrandt Paintings.* 4 Bde. Den Haag 2014.
Bryant, Levi R.: *The Democracy of Objects.* Ann Arbor 2011a.
– »The Ontic Principle: Outline of an Object-Oriented Ontology«. In: L. R. Bryant/N. Srnicek/G. Harman (Hg.): *The Speculative Turn: Continental Materialism and Realism.* Melbourne 2011b, 261-278.
Bryson, Norman: *Looking at the Overlooked. Four Essays on Still Life.* Cambridge (Mass.) 1990.
Burckhardt, Jacob: »Rembrandt«. In: Ders.: *Werke Bd. 13.* München/Basel 2003, 204-226.
Canetti, Elias: *Masse und Macht.* Düsseldorf 1960.
Caproni, Giorgio: »Ritorno«. In: Ders.: *L'opera in versi.* Mailand 1998.
Carmagnola, Fulvio. *Luoghi della qualità. Estetica e tecnologia nel postindustriale.* Mailand 1991.
– /Ferraresi, Mauro: *Merci di culto. Ipermerce e società mediale.* Rom 1999.
Caroli, Flavio: *L'anima e il volto. Ritratto e fisiognomia da Leonardo a Bacon.* Mailand 1998.
Catucci, Stefano: »Le cose stesse: appunti su un'autocritica trascendentale della fenomenologia«. In: *Leitmotiv* 3/2003, 43-65.

Cavalcanti, Guido: *Sämtliche Gedichte – Tutte le rime.* Übers. u. hrsg. v. T. Eisermann und W. Kopelke. Tübingen 1990.
Celan, Paul: *Gespräch im Gebirg.* Aachen 2002.
Chapman, H. Perry: *Rembrandt's Self-Portraits. A Study in Seventeenth-Century Identity.* Princeton 1990.
Cippolletta, Patrizia: *La tecnica e le cose. Assonanze e dissonanze tra Bloch e Heidegger.* Mailand 2001.
Codeluppi, Vanni: *Il potere della marca. Disney, McDonald's, Nike e le altre.* Turin 2001.
Costa, Vincenzo: »Essere nel mondo«. In: M. Ferraris (Hg.): *Storia dell'ontologia.* Mailand 2008.
Croce, Benedetto: »I trapassati«. In: Ders.: *Etica e politica.* Rom/Bari 1973.
Dagognet, François: *Éloge de l'objet. Pour une philosophie de la merchandise.* Paris 1989.
Dante: *Die Göttliche Komödie.* Übers. v. K. Vossler. München 1986.
Daston, Lorraine/Gallison, Peter: *Objektivität.* Übers. v. C. Krüger. Frankfurt/M. 2007.
D'Avenel, Georges: *Le nivellement des jouissances.* Paris 1913.
Degani, Enzo: *Aión da Omero ad Aristotele.* Padua 1961.
Deleuze, Gilles: *Spinoza. Immortalité et éternité.* Paris 2002.
Del Giudice, Daniele: »Gli oggetti, la letteratura, la memoria«. In: A. Borsari (Hg.): *L'esperienza delle cose.* Genua 1992.
Derrida, Jacques: *Die Wahrheit in der Malerei.* Übers. v. M. Wetzel. Wien 2008.
Descartes, René: *Meditationen über die Erste Philosophie.* Lateinisch/Deutsch. Übers. v. G. Schmidt. Stuttgart 1986.

Dilthey, Wilhelm: *Der Aufbau der geschichtlichen Welt in den Geisteswissenschaften*. Einleitung von M. Riedel. Frankfurt/M. 1970.

Diodato, Roberto: *Vermeer, Góngora, Spinoza. L' estetica come scienza intuitiva*. Mailand 1997.

Diogenes Laertius: *Leben und Meinungen berühmter Philosophen*. Bd. 1. Übers. v. O. Apelt. Berlin 1955.

Douglas, Mary/Isherwood, Baron C.: *The World of Goods. Toward an Anthropology of Consumption*. London 1996.

Dumont, Louis: *From Mandeville to Marx. The Genesis and Triumph of Economic Ideology*. Chicago 1977.

Eco, Umberto: *Die geheimnisvolle Flamme der Königin Loana*. Übers. v. B. Kroeber. München 2004.

Esposito, Elena: *Die Verbindlichkeit des Vorübergehenden. Paradoxien der Mode*. Übers. v. A. Corti. Frankfurt/M. 2004.

Esposito, Roberto: *Terza persona. Politica della vita e filosofia dell'impersonale*. Turin 2007.

Faber, Toby: *Stradivarius. Five Violins, One Cello and a Genius*. London 2004.

Ferranin, Alfredo: *Hegel and Aristotle*. Cambridge 2001.

Ferraris, Maurizio: *Ontologia*. Neapel 2003.

– *Dove sei? Ontologia del telefonino*. Mailand 2005.

– *Manifest des neuen Realismus*. Übers. v. M. Osterloh. Frankfurt/M. 2014.

– (Hg.): *Storia dell'ontologia*. Mailand 2008.

Flem, Lydia: *Wie ich das Haus meiner Eltern leer räumte*. Übers. v. S. Vagt. München 2004.

Flusser, Vilém: *Dinge und Undinge. Phänomenologische Skizzen*. München 1993.

Francalanci, Ernesto L.: *Estetica degli oggetti*. Bologna 2006.

Freud, Sigmund: »Trauer und Melancholie«. In: *Werke* Bd. 8. Frankfurt/M. 1969, 428-447.

Garcia, Tristan: *Forme et Objet. Un traité des choses.* Paris 2011.

Garcin, Jérôme (Hg.): *Nouvelles Mythologies.* Paris 2007.

Geuss, Raymond: *Privatheit. Eine Genealogie.* Übers. v. K. Wördemann. Frankfurt/M. 2002.

Girard, René: *Die verkannte Stimme des Realen.* Übers. v. P. Willim. München 2005.

Hanson, Norwood R.: *Patterns of Discovery.* Cambridge 1965.

Haraway, Donna: *Die Neuerfindung der Natur. Primaten, Cyborgs und Frauen.* Frankfurt/M. 1995.

Harman, Graham: *Toward Speculative Realism.* Winchester 2010.

– *Bells and Whistles. More Speculative Realism.* Winchester 2013.

Hayles, N. Katherine: *How we Became Posthuman.* Chicago 1999.

Hegel, Georg Wilhelm Friedrich: *Enzyklopädie der philosophischen Wissenschaften im Grundrisse* (1830). *Zweiter Teil: Die Naturphilosophie.* Frankfurt/M. 1970 (Werke Bd. 9).

– *Vorlesungen über Ästhetik* III. Frankfurt/M. 1986 (Werke Bd. 15).

– *Phänomenologie des Geistes.* Hamburg 1988.

– *Wissenschaft der Logik.* Bd. 1: *Die objektive Logik.* Hamburg 1999.

Heidegger, Martin: »Das Ding«. In: Ders.: *Vorträge und Aufsätze.* Pfullingen 1954, 163-185.

– *Gelassenheit.* Stuttgart 1959.

– »Der Ursprung des Kunstwerkes«. In: Ders. *Holzwege.* GA Bd. 5. Frankfurt/M. 1977, 1-74.

– »Der Feldweg«. In: Ders.: *Aus der Erfahrung des Denkens.* GA Bd. 13. Frankfurt/M. 1983, 87-92.
– *Seminare.* GA Bd. 15. Frankfurt/M. 1986.
– *Sein und Zeit.* Tübingen 1993.
– *Bemerkungen zu Kunst – Plastik – Raum.* St. Gallen 1996.
Hersch, Jeanne: *L'Être et la forme.* Neuchâtel 1946.
– »Eve ou la naissance éternelle du temps«. In: Dies.: *Textes.* Fribourg 1985.
Husserl, Edmund: *Die Krisis der europäischen Wissenschaften und die transzendentale Phänomenologie.* Husserliana VI. Den Haag 1962.
– *Zur Phänomenologie der Intersubjektivität. Erster Teil.* Husserliana XIII. Den Haag 1973.
– *Ideen zu einer reinen Phänomenologie und phänomenologischen Philosophie.* Husserliana III/1. Den Haag 1976.
– *Logische Untersuchungen. Zweiter Band, zweiter Teil.* Husserliana XIX/1. Denn Haag 1984.
– *Cartesianische Meditationen.* Hamburg 1987.
Iacono, Alfonso Maurizio: *Teorie del feticismo.* Mailand 1985.
– »Tra uomini e cose. A proposito di individualismo e olismo in Louis Dumont«. In: A. Borsari (Hg.): *L'esperienza delle cose.* Genua 1992.
Jankélévitch, Vladimir: *L'irreversibilité et la nostalgie.* Paris 1974.
Jullien, François: *Der Weise hängt an keiner Idee. Das Andere der Philosophie.* Übers. v. M. Sedlaczek. München 2001.
Kafka, Franz: »Die Sorge des Hausvaters«. In: Ders.: *Das Werk. Romane und Erzählungen.* Frankfurt/M. 2004, 1162 f.

Kant, Immanuel: *Kritik der reinen Vernunft.* Darmstadt 1956.

Keller, Gottfried: *Züricher Novellen. Gesammelte Werke* Bd. 6. Zürich 1999.

Keynes, John Maynard: *A Treatise on Probability.* London 1963.

Kiers, Judikje/Tissink, Fieke (Hg.): *Das Goldene Zeitalter der Niederländischen Kunst. Gemälde, Skulpturen und Kunsthandwerk des 17. Jahrhunderts in Holland.* Stuttgart 2000.

Klein, Naomi: *No Logo! Der Kampf der Global Players um Marktmacht.* Übers. v. H. Dierlamm und H. Schlatterer. Frankfurt/M. 2015.

Krueger, Myron W.: *Artificial Reality* II. Reading (Mass.) 1991.

Langbehn, Julius: *Rembrandt als Erzieher.* Weimar 1922.

Lash, Scott/Lury, Celia: *Global Culture Industry. The Mediation of Things.* Cambridge 2007.

Latour, Bruno: »On Actor Network Theory. A Few Clarifications«. In: *Soziale Welt* 47/1996, 369–381.

Leopardi, Giacomo: *Zibaldone di pensieri.* Mailand 1999.

Lévy-Strauss, Maurice: »Einleitung in das Werk von Marcel Mauss«. In: Marcel Mauss: *Soziologie und Anthropologie.* Bd. 1. Frankfurt/M. 1978, 7-41.

Locke, John: *Über den menschlichen Verstand.* 2 Bde. Berlin 1968.

Lukrez: *Über die Natur der Dinge.* Lateinisch und Deutsch. Übers. v. J. Martin. Berlin 1972.

MacGregor, Neil: *Eine Geschichte der Welt in 100 Objekten.* München 2015.

Marchesini, Roberto: *Post-human. Verso nuovi modelli di esistenza.* Turin 2002.

Manzini, Ezio: »Il mondo che sembra. L'identità incerta del nuovo mondo artificiale«. In: A. Borsari (Hg.): *L'esperienza delle cose.* Genua 1992.

Merleau-Ponty, Maurice: *Das Auge und der Geist. Philosophische Essays.* Übers. v. H. W. Arndt. Hamburg 1984.

– *Die Natur. Aufzeichnungen von Vorlesungen am Collège de France* 1956-1960. Übers. v. M. Köller. München 2000.

– *Sinn und Nicht-Sinn.* Übers. v. H.-D. Gondek. München 2002.

– *Das Sichtbare und das Unsichtbare.* Übers. v. R. Giuliani und B. Waldenfels. München 2004.

Meskell, Lynn: *Object Worlds in Ancient Egypt.* Oxford 2004.

Miller, Michael B.: *The Bon Marché. Bourgeois Culture and the Department Store* 1869-1920. Princeton 1981.

Miller, Daniel: *A Theory of Shopping.* Cambridge/Ithaca 1998.

– *The Dialectics of Shopping.* Chicago 2001a.

– (Hg.): *Home Posessions. Material Culture behind Closed Doors.* Oxford 2001b.

Molotch, Harvey L.: *Where Stuff Comes From.* New York 2003.

Montevecchi, Federica: *Giorgio Colli. Biografia intellettuale.* Turin 2004.

Nadler, Steven: *Spinoza. A Life.* Cambridge 1999.

Nancy, Jean-Luc: *Der Blick des Porträts.* Zürich 2007.

– *Zum Gehör.* Übers. v. E. von Osten. Zürich 2014.

Neruda, Pablo: »Ode an die Dinge«. In: Ders.: *Das lyrische Werk* Bd. 3. Darmstadt 1986, 91-94.

Onians, Richard B.: *The Origins of European Thought.* Cambridge 1951.

Orlando, Francesco: *Gli oggetti desueti nelle immagini della letteratura.* Turin 1997.

Ortega y Gasset, José: *Meditationen über »Don Quijote«*. Übers. v. U. Weber. Stuttgart 1959.

Ovid: *Metamorphosen*. Übers. v. E. Rösch. München 1952.

Pasdermadjian, Hrant: *The Department Store. Its Origins, Evolution and Economics*. London 1954.

Pasqualotto, Giangiorgio: *Taccuino giapponese*. Udine 2008.

Perec, Georges: *Die Dinge*. Übers. v. E. Helmlé. Bremen 2001.

Perniola, Mario: *Il sex appeal dell'inorganico*. Turin 1994.

Pessoa, Fernando: *Das Buch der Unruhe des Hilfsbuchhalters Bernardo Soares*. Übers. v. G. R. Lind. Zürich 1994.

Pinotti, Andrea: *Estetica della pittura*. Bologna 2007.

Plotin: *Enneaden*. Übers. v. H. F. Müller. 2 Bde. Berlin 1878-1880.

Polanyi, Michael: *The Tacit Dimension*. Garden City (N.Y.) 1967.

Ponge, Francis: *Im Namen der Dinge*. Übers. v. G. Henninger u. C. Schwerin. Frankfurt/M. 1973.

Proust, Marcel: *Auf der Suche nach der verlorenen Zeit*. 13. Bde. Übers. v. E. Rechel-Mertens. Frankfurt/M. 1972.

Rella, Franco: *Negli occhi di Vincent. L'io nello specchio del mondo*. Mailand 1988.

Riedel, Manfred: »Krug, Glas und frühe Begegnung«. In: J. R. Bloch (Hg.): *Ich bin. Aber ich habe mich nicht. Darum werden wir erst. Perspektiven der Philosophie Ernst Blochs*. Frankfurt/M. 1977.

Rigotti, Francesca: *La filosofia delle piccole cose*. Novara 2004.

– *Il pensiero delle cose*. Mailand 2007.

Rilke, Rainer Maria: *Briefe*. Wiesbaden 1950.

Roche, Daniel: *Histoire des choses banales. Naissance de la consommation dans les sociétés traditionelles.* Paris 1997.
Romeyer-Dherbey, Gilbert: *Les choses mêmes. La pensée du réel chez Aristote.* Lausanne/Paris 1983.
Roy, Arundhati: *Der Gott der kleinen Dinge.* Übers. v. A. Grube. München 1999.
Sartre, Jean-Paul: *Das Imaginäre. Phänomenologische Psychologie der Einbildungskraft.* Übers. v. H. Schöneberg. Reinbek 1971.
Sassatelli, Roberta: *Consumo, cultura e società.* Bologna 2004.
Schama, Simon: *Überfluss und schöner Schein. Zur Kultur der Niederlande im Goldenen Zeitalter.* München 1988.
– *Rembrandts Augen.* Übers. v. B. Blumenberg. Berlin 2000.
Schapiro, Meyer: »The Still Life as a Personal Object: A Note on Heidegger and Van Gogh«. In: D. Preziosi (Hg.): *The Art of Art History. A Critical Anthology.* Oxford 2009, 296-300.
Scheler, Max: *Die Stellung des Menschen im Kosmos.* Bonn 1995.
Schneider, Norbert: *Stilleben. Realität und Symbolik der Dinge.* Köln 1994.
Schor, Juliet B.: *The Overspent American. Why We Want What We Don't Need.* New York 1999.
– *Born to Buy. The Commercialized Child and the New Economy.* New York 2004.
– *Consumerism and Its Discontent.* New York 2011.
Schwenger, Peter: *Melancholy and Physical Objects.* Minneapolis 2006.
Sennett, Richard: *Handwerk.* Übers. v. M. Bischoff. Berlin 2008.

Serra, Antonio: *Breve trattato delle cause che possono fare abbondare li regni d'oro e argento dove non sono miniere con applicazione al Regno di Napoli.* Neapel 1613.
Simmel, Georg: *Philosophische Kultur.* Leipzig 1919a.
– *Rembrandt. Ein kunstphilosophischer Versuch.* Leipzig 1919b.
– »Philosophie der Mode«. In: *Gesamtausgabe* Bd. 10. Frankfurt/M. 1995, 7-37.
– »Lebensanschauung«. In: *Gesamtausgabe* Bd. 16. Frankfurt/M. 1999, 209-425.
– *Aufsätze und Abhandlungen 1909-1918.* Gesamtausgabe Bd. 13. Frankfurt/M. 2000.
Simondon, Gilbert: *Die Existenzweise technischer Objekte.* Übers. v. M. Cuntz. Zürich 2012.
Spinoza, Baruch de: *Opera/Werke* Bd. 2. Darmstadt 1967.
Staubach, Suzanne: *Clay. The Study and Evolution of Humankind's Relationship with Earth's Most Primal Element.* Berkeley/New York 2005.
Sterling, Charles: *La nature morte de l'antiquité au XXe siècle.* Paris 1985.
Still Life Painting from the Netherlands 1550-1720. Ausstellungskatalog. Amsterdam 1999.
Tarpino, Antonella: *Geografie della memoria. Case, rovine, oggetti quotidiani.* Turin 2008.
Turkle, Sherry (Hg.): *Evocative Objects. Things We Think With.* Cambridge (Mass.) 2011a.
– (Hg.): *The Inner Story of Devices.* Cambridge (Mass.) 2011b.
Varzi, Achille C.: *Parole, oggetti, eventi e altri argomenti di metafisica.* Rom 2001.
– »La natura e l'identità degli oggetti materiali«. In: A. Coliva (Hg.): *Manuale di filosofia analitica.* Rom 2007.

Vergil: *Aeneis.* Übers. v. J. Götte. Düsseldorf/Zürich 1983.

Vergil: *Moretum.* Übers. v. J. H. Voss. München 1978.

Vico, Giambattista: *Prinzipien einer neuen Wissenschaft über die gemeinsame Natur der Völker.* Übers. v. V. Hösle u. C. Jermann. Hamburg 2009.

Vitta, Maurizio: *Il disegno delle cose. Storia degli oggetti e teoria del design.* Neapel 1996.

Wheelock Jr., Arthur K.: »Rembrandt's Self-Portraits. The Creation of a Myth«. In: Ders.: *Rembrandt, Rubens, and the Art of Their Time.* Pennsylvania 1997, 11-36.

Williams, Rosalind H.: *Dream World. Mass Consumption in Late Nineteenth-Century France.* Berkeley/Los Angeles 1982.

Wittgenstein, Ludwig: »Philosophie. §§86-93 aus dem sogenannten ›Big Typescript‹ (Katalognummer 213)«. In: *Revue Internationale de Philosophie* 169/1989, 175-203.

Wölfflin, Heinrich: *Italien und das deutsche Formgefühl.* München 1931.

Yates, Julian: *Error, Misure, Failure. Object Lesson from the English Renaissance.* Minneapolis 2003.

– »Rez. zu: The Life of Things, The Love of Things. Taking Things by Surprise«. In: *The Los Angeles Review of Books* vom 21. Juli 2015.

Erste Auflage Berlin 2020

Göhrener Str. 7 | 10437 Berlin
info@matthes-seitz-berlin.de

Satz: Monika Grucza, Berlin
Druck und Bindung: Art Druk, Szczecin
Umschlaggestaltung nach einer Idee von Pierre Faucheux
ISBN 978-3-95757-225-7
www.matthes-seitz-berlin.de